JN408856

엄마와
양말

[문학공원 수필선 38]

엄마와 양말

임경애 수필집

문학공원

수필집을 내면서

임 경 애

책을 덮음으로 끝남이 아닌 여운이 남는 글을 지향하는 작가들의 소망을 생각해봅니다. 생각의 편린들을 꺼내어 놓다보니 마음속도 책상위도 눈에 보이는 곳곳이 아수라장이었습니다. 그곳들이 점차 정리되어갈 때 고민에 빠지면서 한동안을 망설였습니다. 나의 모든 것을 세상에 보인다는 것이 마치 나신으로 서는 것 같았습니다.

누구나 갖는 대명사로 살아온 수 십 년의 세월이었지만 제 마음속에는 지침표가 있었습니다. 삼십대에 청상이 되어 키워주신 어머니말씀을 토대로 최선을 다해 살아온 시간들, 가급적 내게 주어진 시간들을 헛되이도 몹쓸 시간으로 남기지도 타인에게 눈살 찌푸림도 허용하지 말자는 것이었습니다. 수필집은 저의 시간들을 단축시켜놓은 것입니다. 저와 비슷한 순간을 맞닥뜨렸을 때 응용하는 독자가 있으시다면 이보다 더한 행복감은 없으리라 생각합니다.

초등학교 4학년이던 어느 날, 시를 써오라는 숙제를 내신 담임선생님이셨습니다. 밤새 뒤척이다가 아침이 되었을 때도 어떻게 써야하는지 공부시간에 배운 것을 응용을 해야 하는데 전과를 훑이보기도 했으나 쉽지가 않았습니다. 밥상 앞에서도 등굣길을 걸으면서도 학교에 도착해서도 일주일이 다가도록 한 줄을 적지 못한 상태에서 국어 시간이 다가 온 쉬는 시간, 어젯밤 끙끙대다가 어찌어찌해서 겨우 적었던 몇 줄을 기억하며 고개를 푹 숙이고 제출을 했는데 선생님께 칭찬을 받았습니다. 푹 숙인 고개를 보시며 안쓰러움에 하신 말씀이신지 모르겠으나 날아갈 듯 좋았던 순간을 간직하며 나의 장래 희망란 은 시인이라 쓰게 되었는데 그를 계기로 시에 관심이 생기기 시작했습니다.

누구에게 선물을 해도 누군가 내게 갖고 싶은 선물을 물을 때도 시집이라고 했고 서점 앞을 지날 때는 잠깐의 여유가 있는 시간이면 들어가서 시집을 몇 장정도 읽고 나오기도 했습니다. 약속장소로 가던 길일 때 그것은 더욱 요긴했는데 자신을 아름답게 또는 고상하게 보일 수 있는 표현과 수식이 한몫을 단단히 해주기도 했기 때문입니다.

글을 좋아하게 된 동기가 되며 시인을 꿈꾸게 된 것은 사실이나 오랜 시간을 다른 방향으로 걷고 있었을 때 포천문예대학 수강에 대해 연락을 주신분이 계셨습니다. 시간상의 어려움을 말씀드리니 시간이 허용하는 범위에서의 수업을 권하심에 한번 두 번 강의실을 찾던 것이 세월이 되었을 무렵 공모전에 응모를 했고 뜻밖의 영광을 안겨주신 분들이 계셨습니다.

서울 강서구 개화초등학교 최월매, 이천국 선생님과 포천문인협회 이원용 고문님 경기도문인협회 고문님이신 김건중 소설가님과 심사를 하셨던 선생님들과의 인연은 오늘의 저를 수필가로 이끌어주셨으니 참으로 감사하고 고마운 인연입니다.

저의 글이 수필집으로 출간하기까지 도움을 주신 포천시문화체육부 예술발전지원금 담당자님들과, 이사직을 추천하며 이끌어주신 한국문인협회 포천시지회 박혜자 지부장님과 포천문인협회의 문우님들께 감사의 마음을 드리며 계간 스토리문학 발행인이신 김순진 교수님과 전하라 편집장님의 노고에도 성원을 보내주신 친인척 지인들께도 지면을 통해 감사드립니다.

배려와 격려를 아끼지 않은 남편과 응원을 보내준 내 아이들, 고맙고 사랑합니다.

<서시>

영랑

임 경 애

시린 것은 초조함 안은 채
기다림으로 허기진 마음이었다
빗줄기를 비파인양 뜯고 있을 것 같아 귀를 열고
자작자작 빗방울에 녹아들었을 것 같아 멈춘 발걸음
이내 깊어진 밤에도 미련으로 더듬거리며
헤집고 또 헤집어도 허무함 스며드는 교차로에서
구겨진 분신도 퍼런 멍이든 가슴도
배알마저 내어던진 채 불러본다

사랑.
영원히 함께 하고픈 나의 사랑이여
나의 글이여

<서문>

읽는 사람에게 한눈 팔 여가를 주지 않아

김 순 진(문학평론가 · 고려대 평생교육원 강사)

임경애 수필가와 만난 지도 어언 10년이 되어간다. 임경애 수필가에게 글을 달라고 청탁하면 그녀는 늘 자신을 낮추고 "혹시 제가 그 단체나 그 잡지, 그 책에 누가되는 것 아닌지요?"라며 먼저 묻는다. 그러면 나는 늘 "내가 우리 스토리문학으로 등단시킬 때 어느 정도 실력이 차있으니까 시키지 그 정도라면 시키지도 않았다."는 말로 안심시키지만, 그녀는 늘 자신이 잘 쓰고 있는지에 대하여 스스로를 의심했다. 아니 겸손해하면서 차츰차츰 자신의 내면을 채워나갔다.

그런데 나는 진즉부터 임경애 수필가가 홈런을 칠 줄 알고 있었다. 겸손과 노력을 아끼지 않는 그녀에게는 뭔가 있을 것만 같았기 때문이었다. 그런데 나의 예상은 적중했다. 지난 봄 그녀가 수필집을 내겠다며 원고를 보내왔을 때 우리는 정말이지 너무 놀라 입에 침을 흘리며 칭찬을 해댔다. 그녀의 수필은 지금까지 보아온 그 어느 이름난 작가의 수필이나 지금까지 읽어온 수필보다 재미있고 탄탄한 구성으로 때론 우리를 박장대소하게 했고, 때론 눈물 흘리게 했으며, 때론 가슴에 손을 얹고 반성하게 했다.

나는 그녀의 수필 「공짜 자가용」을 읽다가 너무 웃어서 뒤로 자빠질 뻔했다. 중고 자가용을 공짜로 얻어서 사이드브레이크를 채운 채 달리다 불이난 일은 평생 잊을 수 없을 것 같다. 「파리의 기도」

를 읽으며 설교를 하고 있는 신부님께 붙어서 날아가지 않는 파리를 바라보고 있는 임경애 신도의 생각은 기발하다 못해 차라리 천진스러움을 느끼게 했다. 임경애 수필은 교훈이 있다. 「교환」이란 수필을 읽으면서 금은방을 하면서 있었던 에피소드를 담담하게 그린 것은 무엇보다도 사람 사는 냄새가 나게 한다. 「정표」라는 수필에서 읽으면서 어른의 도리를 생각해보았다. 「서리」라는 수필에서 농촌 출신이라면 누구나 해보았음직한 서리의 경험으로부터 추억을 끌어내 공감시키는 그의 필력은 과히 수준급이다. 「배고픈 시인」과 「소설가의 강연을 다녀와서」라는 글은 작가로서 어떻게 살아가야 하며 어떤 마음가짐을 가져야 하는가에 일침을 가한다.

수필에 비하여 시와 소설은 허구성이 농후하다. 시는 현상을 바라보면서 새의 말을 알아들어야 하고 나무가 길을 간다. 소설은 조금만 건더기가 있으면 붙들고 늘어져 수백 페이지를 써낸다. 그러나 수필에는 허구가 없다. 수필은 남의 다리를 긁을 수 없다. 기법도 딱 두 가지뿐이라, '내 주장을 펴느냐, 아니면 내 이야기를 소회하느냐'가 그것인데, 임경애 수필에는 감동과 재미, 교훈과 공감을 함께 주어서 읽는 사람으로 하여금 한눈 팔 여가를 주지 않는다.

나는 이 수필집을 읽으며 임경애 작가를 두고 고마움을 아는 사람, 겸손을 아는 사람, 그리고 도리를 아는 사람이라 말하고 싶다. 틈틈이 닦아온 그의 필력은 지금까지 보아온 포천 문단에서 최고의 작가라 말해도 틀린 말이 아닐 것이다. 첫 수필집 상재를 진심으로 축하드린다.

contents

1부. 나의 이름을 찾아서

2부. 미안해요, 그리고 고마워요

3부 바람이, 가을바람이 불고 있다.

4부 못 다한 이야기

1부

나의 이름을 찾아서

공짜 자가용

서류상 베테랑 운전사인 그이가 가깝게 지내는 형이 차를 바꾸면서 쓰던 차를 주었다며 싱글벙글 웃으며 들어왔다. 시어머니를 모시고 동네를 두 바퀴나 돌고 들어오더니 친정에 가자고 한다. 좀 있으면 저녁준비를 할 시간이라고 머뭇거리니, '걱정 말고 다녀오라'는 시어머니 말씀이다.

얼떨결에 10개월 된 아기의 짐을 챙겨 자가용에 탔다. '친정에 한번 가려면 버스를 세 번씩이나 갈아탔는데 자가용을 타고가다니!' 엄마도 가족들도 좋아할 모습을 떠올리며 빨리 가고픈 마음 간절하다. 버스를 올려다본다. 명절에 친정에 가려고 버스에 올랐을 때 자리가 없을 때면 양보 받는 것이 미안해서 차라리 안 간다고 하면, 친정오빠가 한 시간도 넘는 거리를 와서 태워갔었다. 이젠 우리도 자가용이 있다고 자랑하고 싶었고, 버스에 서 있는 사람들을 보며 잠시만 기다리면 우리처럼 자가용을 굴릴 수 있을 것이라고 말해주고 싶었다.

빨리 달리다 늦어지다가 하는 차의 시속을 의아해하며 그를 바라보았더니 상기된 얼굴로, '서울이라 차가 많아서 그렇다'며 눈빛을 읽은 듯 대답을 한다. 하기야 서울에서 고정속도로 주행을 한다는 것은 불가능한 일임을 모르는 사람은 없을 것이다. 출퇴근과 등하교시간의 일치도 한몫을 하고 그 시간대를 피해서 외출을 하는 사람들과 또 맞닥뜨리는 늘 분주한 도로라는 사실을. 베테랑운전자라도 늘 긴장하는 서울의 복판, 초보 아닌 초보운전자의 손바닥이며 이마에 송골송골 맺힌 땀이 흐를 무렵 도심지를 벗어났다.

저녁준비에 눈코 뜰 새 없이 바쁠 시간이 다가오는데, 오늘은 횡재수가 있는 것인지 그 시간에 드라이브를 한다는 꿈같은 현실, 나는 콧노래라도 부를 것 같은 기분으로 들판의 싱그러움에 빠져들었다. 정겨움 가득한 내 고향의 김포가도를 달린다. 아롱아롱 추억들이 꼬리를 물고 일어선다. 누군가 손을 흔들고 지나간다. 답례하듯 같이 손을 흔들며 그이에게 물었다.

"아는 사람예요?"

"아니, 모르는 사람인데. 아마 저 사람도 우리처럼 기분 좋은 일이 있는가보지."

다시 창밖을 주시하는데 지나던 운전자가 손짓을 하며 말을 하는데 알아듣지 못했고……. 다시 지나던 운전자들이 약속이라도 한 듯 경적을 울리고 큰소리로 말을 하면서 지나가니 짜증이 났다. 그이 말이 내가 너무 늦게 가고 있는가 보다며 액셀러레이터를 밟으니 붕붕거리면서도 속도를 내지 못하는 자가용이다. 나는 혹시 뒤에 오는 차들에게 실수하며 달리는 것 아니냐며 뒤의 차들을 보려 고개를 돌렸는데 우리 차에서 뿌연 연기가 치솟고 있는 것이다.

"큰일 났어, 우리 차에 불이 났나봐."

그때서야 남편도 알아채고 차를 세웠다.

모내기철이라 길가의 풀도 논도 푸름 가득한데 우리의 발등엔 불이 떨어졌다. 소독차가 지나간 자리처럼 연기가 솟고 난로인 듯 차에서 열기가 뿜어져 나오고 있다. 영화에서 보았던 것처럼 차가 폭발이라도 할까 겁이 났다. 나는 아기를 안고 최대한 멀리 떨어졌는데 그이가 다급히 부르더니 "빨리 저 논에 가서 물 퍼와, 연기가 치솟는데 더 커지기전에."라고 말하는 것이다. "아기는 어떻게 하나?"고 했더니 '차에 내려놓고 하라'는 것이다. '차가 폭발하게 생겼는데 무슨 소리냐'며 아기를 안고 비틀비틀 논으로 내려가니, 다시 올라오라고 소리를 치더니 주변에 있던 비닐봉투를 주워 물을 담아 나르고 있다.

지나던 분이 차를 살펴보더니 그 소동의 원인은 사이드브레이크가 고장이 났다고 한다. 그것을 올려놓고 운전을 하다 보니 과열되었던 것이라며 어찌해야하는지 친절히 알려주고 가셨기에 소동은 일단락되었다. 많은 시간이 흐르니 차가 식었기에 다시 운행을 해도 이젠 연기가 나지 않는다.

친정집에 도착한 나는 씩씩거렸다. "아니 차가 폭발이라도 하면 어쩌라고 아기를 차에 눠라는 것이고, 가장이면 가족을 챙겨야 할 사람이 그 상황에 아기 안고 있는 아내를 부르냐"며, 타박을 했더니 내가 언제 그랬냐며 큰 소리를 친다. 뒤에 알고 보니 그는 나보다도 더욱 당황을 했던 것이고 본인이 무슨 말을 했는지 어떤 행동을 했는지 전혀 기억을 못하고 있었다.

초보운전자의 심리는 안 그래도 불안정한 상태이다. 그렇게 특이한 상황을 잘 넘기고 무사할 수 있었음은 지나던 분들의 관심덕분이었

다. 그러나 그분들의 마음을 알기 전에는 손짓과 알아들을 수 없었던 말과, 경적으로 무척이나 긴장이 되었다고 한다. 보살펴주시던 분께는 감사의 인사를 하긴 했으나 정중히 했는지, 아님 얼떨떨한 표정으로 했는지 기억이 나지 않는다고 한다.

카센터에 갔더니 이곳저곳 고장이 많고 낡아서 고칠 정도는 아니라고 한다. 폐차를 권유한다며 '쓰던 차를 얻었으면 이상이 없는지 검사정도는 하고 타야한다'고 조언을 한다. 공짜 자가용이 생겼다고 업 되었던 기분은 지옥으로 추락하며 몇 시간 탄값으로 폐차 비를 지불해야 했다.

장롱면허란 오랫동안 운전을 하지 않았던 상태를 말한다. 운전대를 잡으며 사이드를 내렸는지 올렸는지도 몰랐던 초보와 다름없는 긴장상태다. 와중에 고장으로 사이드는 올라 있었어도 바퀴는 굴렀으니 횡설수설할 뿐, 대책을 세울 수조차 없는 것이다. 어느 곳을 지정해서 고장이 날 수는 없는 일이지만, 차라리 시동이 걸리지 않았다면 하는 생각이 나면서 식은땀이 흐른다.

운전학원에서 배우는 것은, 전진과 후진이고 간단한 주차정도이므로 운행 중에 차에 이상이 생기면 당혹감으로 안절부절못하는 그것이 전부인 것 같다. 시간이 걸리더라도 정비의 상식정도는 배울 수 있다면 좋겠다는 생각이 든다. 그 일이 있은 후 자동차에서 뿜어 나오는 매연을 바라볼 때면 한참을 바라보는 습관이 생겼다. 저 차도 이상이 있는 것일까? 하다가 웃기도 했고 만약에 저 차에도 이상이 있다면 어떻게 가르쳐 주어야하는지 등…….

장롱면허란 때론 차라리 없는 것만 못한 면허가 아닐까, 이수과정이 있었으니 장롱면허의 소유인이라면 반드시 연수를 받고 운전대를 잡았으면 하는 바람이다. 큰 사고로 이어질 수 있었다며, 중고차일 경우 검사는 필수라고 강조하시던 말씀을 생각하니 '휴~' 안도와 긴장의 한숨이 나온다.

책 읽는 시간

혼자 있는 시간이면 무언가를 쓰고 싶고, 쉽게 써지는데, 방해 받는 요소 앞에서는 물거품이 되고 만다. 다시 제자리를 찾기까지는 엉킨 실타래를 풀어야할 때처럼 짜증과 포기하고픈 마음으로 갈등을 겪으니, 순간이 흘러 한 주가 되고 한 달이 되면서 12달을 채우는 귀한 시간이 때로는 초조하게 소멸된다.

노인도 아니면서 나는 전철만 타면 두리번거리며 빈자리를 찾는다. 서울에서 일을 보느라 장시간 걸은 뒤, 오래 서있으면 발바닥이 아프고 급기야 발가락에 쥐가 나는 탓도 있지만 궁극적인 이유는 따로 있다. 전철에 들어서는 순간, 여름이면 시원하고 겨울이면 따듯하니 그처럼 편한 곳이 또 있을까 싶다.

흡족한 기분에 불가능은 없을 것 같은 그곳에 앉아 옆 사람 건드리지 않도록 조심스레 가방의 지퍼를 잡는다. 소리도 없이 지퍼가 밀리고 밑바닥의 책을 꺼내노라면 가방속의 물건들은 제자리를 잃는다. 가방을 옆으로 뉘어놓으면 그것은 책상이 되어 책을 받쳐 들고 있다.

한동안 미동도 없던 고개를 드는 곳은 청량리를 진입할 때이다. 경계선 관계로 잠시 소등을 하는 곳이지만 글씨가 안 보이는 것은 아니다. 하지만 지금껏 40여분을 숙이고 있던 고개를 풀어주어야 한다. 옆으로 돌리면 옆 사람이 의아한 듯 볼까 싶어서 위아래로 숙였다 올렸다 하다가 슬그머니 옆으로 돌린다. 앞줄과 옆줄에 앉아있는 많은 사람들, 때론 그분들의 행선지와 어떤 생각을 하고 있을까를 그려보기도 한다.

다시 책을 펼쳤다. 조금만 더 읽고 조금만 더 읽고를 되뇌며 한 단락을 끝내고 고개를 들어보니 이런, 내릴 곳을 놓치고 만 것이다. 다시 거슬러 오르는 전철을 타려고, 한참을 걷고 계단으로 올라서지만 짜증이 아닌 웃음이 나온다.

서울을 이삼일에 한번 가던 것이 이젠 일주일을 넘길 때도 있으니, 세계적인 불경기의 여파로 인한 우리나라의 불경기가 심각하게 떠오른다. 그것은 곧 나의생활로 직결되며 책 읽는 시간이 줄어든다. 억대의 프리미엄을 들고 기다려야 했던 곳, 며칠 전에도 영업을 하던 곳이 문을 닫았고 몇몇 군데는 권리금 없음, 몇 개월 임대료를 받지 않음, 임대료 절충이라는 불황을 각인시키는 글귀들이 보인다.

서너 시간에 걸쳐 일을 마치고 다시 전철에 올랐는데, 책을 펼치고 싶은 마음과는 달리 피로가 엄습해온다. 잠시만 눈을 붙이기로 했다. 정거장 안내방송이 희미하게 들리더니 그것마저 들리지 않고 있다. 아무런 방해요소도 없으니 그처럼 좋았을까 그만 깊은 잠에 빠져 알지도 못하는 앞, 옆 사람에게 꾸벅이며 인사를 한지도 꽤나 흘렀다.

순간 밀려오는 부끄러움으로 망설인다. 서둘러 내리자니 뒤통수가 근질거릴 것 같고, 그냥 앉아있자니 낯이 뜨겁다. 잠결에 옆 사람에게 기댔던 느낌이 있었기에 슬쩍 바라본다. 사십대로 보이는 여자 분이다. 그나마 다행이라는 생각을 하며 인사를 하고 내렸는데 못다 읽은 책 생각에 아쉬움이 남지만 몸은 한결 개운한 것을 느낀다.

끝이 없는 집안일은 서울을 다녀오는 날이면 더욱 분주해지지만, 책을 읽었음으로 위안을 삼으니 즐거운 마음으로 서둘러 저녁식사를 끝내고 소파에 있던 책을 펼친다.

독서는 주로 혼자만의 시간에 하는 편인데, 요즘 우편물 중에 비중을 차지하는 책들이 책꽂이에 꼽힌 것이 아니라 쌓여있다. 그것은 아직 읽지 못한 것이라는 일종의 표시인 것이다. 책들을 제자리 찾아 꼽으려면 마음이 분주한데, 어제도 그제도 보더니 같은 책을 매일 보냐며 의아해하는 남편이다. 이 책은 특별한 책이라고, 며칠 전 출판기념회를 한 ㅇㅇ의 책이라며 장황한 설명을 늘어놓으니

내게도 책을 내라는 남편의 주문이다. "책? 주제도 안 되지만 돈이 얼마나 많이 드는데……."하며 말꼬리를 흐리니, 오늘부터 열심히 공부해서 책을 내라고 한 번 더 강조하는 그이다.

컴퓨터 앞에 앉아 글을 쓰다가도 그이가 올 시간이면 서둘러 끄고, 혹 콧등의 자국을 물을 때면 나이 탓인지 오랫동안 지워지지 않는다며 얼버무렸었다.

타인들의 취미는 인정하면서, 내 취미는 사치로 보는 것도 모자라 불만이 가득한 사람인데, 그이는 언제부터 나의 어릴 적 꿈을 생각하고 있었을까? 나도 까마득한 어린 시절의 꿈을…….

나의 꿈을 위해 '뒷배가 되어주겠노라'는 말에 신이 난다. 그 말이 그렇게 좋을 수가 없다. 들뜬 마음에 씹히지도 않은 과일이 목에 걸려 기침을 하면서도 웃음이 나온다. 십년 묵은 체증이 있었더라도 목에 걸린 과일을 토해내듯이 완전히 소멸될 것 같은 기분이다. 날개도

없지만 날 것 같았고 밖은 어두운데 마음은 환희로 가득하다.

잔잔함에도 일렁이는 물결처럼 알 수 없는 사명감이 나를 긴장시키고 있는지, 꾹꾹 눌렸던 어린 날의 희망이 고개를 들고 있는지, 그토록 뒤척였음에도 아직은 이불속에 있을 새벽녘, 창문 앞에 섰다. 여행을 온 듯 새롭게 보이는 거리에 설렘이 인다.

책의 홍수시대, 유명작가들이 얼마나 많은 시대인가? 무명인주부의 글을 찾을 이가 있을까? 괜한 짓으로 애꿎은 나무가 베어질 것이고 쓰레기에 일조하는 결과만 초래하는 짓임을 상기한다. 이토록 자신도 없는데 그는 왜 책을 내라고 했을까를 고민한다. 반백이 되고 보니 지난날을 회상하며 미안했을까? 아니면 말이라도 그렇게 해본 것일까? 의견차이가 있을 때면 반항 심리로 책에 몰두했었다. 한동안 시간이 흘러 마음이 가라앉은 후, 재차 시도하는 대화가 부드럽게 변해갈 때 나름의 고민을 했었을까?

책을 가까이 하고 싶은 나와 유난히 싫어했던 자신을 비교하며 뒤늦게 후회되는 공부에 대한 미련일까? 이제는 기억보다는 잊히는 것이 많은 나이다보니, 이룰 수 없는 무언가에 대한 아쉬움을 토로하는 것일까?

있는 그대로 받아들이면 될 일에 연연하는, 알 수 없는 마음으로 책을 펼쳤다. 활자들의 들숨과 날숨이 들리는 듯, 율동이 보이는 듯 싶다. 배열된 활자, 즉 글을 읽는 것이 아니라 뜻을 읽으라고 하시던 선생님의 가르침이 떠오른다. 다시 읽어본다. 활자들의 춤사위가 보인다. 글의 조각을 이어 아름다움을 완성하기까지 수없이 고뇌하며 지혜를 모았을 작가의 모습을 떠올려본다. 언감생심, 흉내라도 내어 보고픈 욕망이 끓어오른다.

나의 이름을 찾아서

나의 이름이 그리워 때론 슬프기도 하다. 독신을 주장할 때는 갖고 싶은 이름이 참으로 많았었는데 결혼을 하면서 자신을 잊은 채 시댁 식구들의 수족이 되어 살아온 수십 년의, 당연함으로 치부되는 도돌이표 같은 시간들……. 자신에게 염증을 느끼던 중, 1년에 한, 두 달 남짓한 그 시간을 학수고대했는데 건강에 이상이 생겼다. 내가 생각해도 수술이 먼저이지만 사실을 통보하면 나의 뜻대로 할 수 없음이 자명하기에, 아무에게도 말 할 수 없는 고충으로 수업을 다니기 시작했다. 찌르르한 느낌 뒤로 통증이 시작되면 나도 모르게 신음소리가 나올까 싶어 긴장하며 '나의 몸아 조금만 기다려줘, 조금만 더, 조금만 더 하면서 수업을 받았다.

늘 상주하던 그 시간을 비울 때의 불편함을 물으니 "우리도 다 컸으니 거정 마시고 수업에 열중하시라"는 아이들의 격려에 가슴이 뭉클한데, 살림이나 하지 밖으로 나간다는 보수적인 그이의 툴툴거림은 오늘도 여전하다.

드디어 종강을 하고 문학기행을 가던 중 그도 도저히 안 되겠는지

빵 하고 터져버렸다. 낭자한 하혈은 패드를 적시고 급기야 옷까지 적시며 붉은 눈물을 종일토록 쏟아내고 있다. 무식을 저울에 달았다면 읽지 못 할 숫자가 쓰일 것이 분명했지만, 몸은 힘들어도 마음은 쏟아지는 양보다도 더 즐거웠다.

문학에 대해 작년부터 새롭게 관심을 갖게 되며 새로운 나를 만나고 있었다. 푸념도 기쁨도 적다보면 자숙의 시간이 덤으로 따라오니 묘한 미를 느끼고 있는 중이다. 아침이 되면 글쓰기에 매달릴 생각으로 서둘러 일을 하면서, 오늘은 어떤 글이 쓰일까하는 설렘은 수많은 상상을 낳기도 하고 때론 뭘 안다고 그리 호들갑인지 피식 웃음이 나오기도 하지만 수상돌기 바쁘게 돌아가고 엔도르핀이 솟구치는 느낌이다.

굵은 주사바늘이 혈관을 뚫어도 웃으며 받아들일 수 있는 시간, 그는 나의 색이 되어 주고 나는 그의 품이 되어 우리 서로를 버무리며 하나가 되고 싶은 마음으로, 문학기행후기를 몇 자라도 적어놓고 싶다. 하지만 본 것과 들은 것을 기억하기에는 역부족인, 채 깨지 않은 마취상태다. 폰에 저장된 사진들을 돌려보니 꿈틀꿈틀 되살아나는 자신에게 잔인했던 시간들의 아우성이 들려온다.

글에 대해 더 알고 싶고, 멋진 글을 쓰고 싶다고 느끼는 강렬함을 따르지 못하는 자신과의 싸움 앞에서 위축되는 자신은 소외감마저 느껴진다. 그냥 포기하면 될 것을 그럴수록 집착함은 왜일까? 머릿속을 맴도는 글귀들을 적어나가지 못함은 채 정리되지 않은 집을 바라보듯 마음마저 어수선하고, 비록 몇 줄이라도 적나라하게 펼쳐질 때는 더 없는 행복감을 느껴보았기 때문이기도 하지만, 이제라도 나만의 이름을 찾으라는 욕망이 꿈틀거리기 때문이다.

아픔을 숨기면서까지 수업을 받아온 내게 동안의 세월을 미안해하는 그이의 고백을, 그것은 구속이 아닌 내게 향한 사랑이었다고, 내가 글을 찾아 헤매는 마음처럼 오롯이 함께이고 싶었음이라고 스스로를 다독이며. 둥지의 안락함이 몸에 밴 수십 년 세월을 뛰쳐나온 시간이 꿈꾸듯이 아름다울 수만은 없다면, 고독 또한 즐겨보리라는 출발점에 서 있음만으로도 나는 마냥 기쁘기만 하다.

(사)한국문인협회 홍천지부 주최
2015년 해가람 여성문예공모전 입상작

아리랑

아이들이 성장하다 보니 자칫 앞으로 가족여행이 힘들 것 같아 여행을 서둘렀다. 비용이 적게 드는 중국으로 행선지를 정했어도 처음으로 나가는 외국이기에 여권을 만들어야 하고, 필요한 약품이며 준비해야하는 것들에 대한 소소한 비용이 늘고 있다.

설렘과 약간의 긴장 속에 도착한 상하이 '푸둥' 공항이다. 다른 팀과의 합류에 시간의 여유가 있기에 우리 가족과 동생네 가족, 그리고 다현이 부모님 등 우리 일행은 커피를 마시려했지만, 유명음식점인 그 곳에서는 달러도 한국 돈도 받지 않는다기에 다현이 아빠께서 환전을 하셨다. 중국에서 한국 돈을 받는다고 했는데 그것은 한정된 곳뿐이었다.

국제공항이고 유니폼을 입은 직원이 있는 환전소에서 환전을 했는데, 나중에 가이드를 통해 알고 보니 원래 가격보다 터무니없이 적은 돈을 받았다. 영수증도 있었지만 귀국 시에는 깜빡 잊고 있었다. 모조의 천국이며 속임수에 일가견이 있는 곳이라는 말을 듣고 가기는 했어도, 국제공항 환전소에서 그런 일이 일어나리라고는 상상도 할 수 없었기에 직원의 실수일까 몰라도 씁쓰레한 기분으로 시작된 여행길이다.

관광버스에서 가이드의 주의사항 중에, 일행을 잃었을 때 전화를 하라면서 번호를 알려주는데 일행 중 한 사람이 바로 실행에 옮겼다. 실습을 했다고 할까? 유럽인지 아시아인지 구분이 안 될 정도로 인산인해를 이루는 관광지에서 꼬리를 따르느라, 내가 머물고 싶은 곳이라 해도 때론 포기하려니 관광인지 꼬리잡기 놀이인지 웃음이 나온다.

버스로 상해시를 이동하는데, 하늘에는 대나무 장대에 걸쳐진 빨래들이 마치 만국기인양 펄럭이는데 종류도 가지가지, 심지어 브래지어와 팬티까지 안 널린 집이 없다. 볼수록 미간에 주름이 지며 민망함이 감도는데 급기야 제부께서 "가이드님, 다음에는 저 속옷일랑 치우라고 하쇼, 보기가 그렇구먼."이라 하자 일행들 한바탕 웃었다. 비가 많고 물안개가 많아 햇빛보기가 힘든 상해는 햇빛이 있는 날이면 너도나도 빨래를 말리기에 속옷이라도 남을 의식하지 않는다고 한다. 전날까지 거의 한 달 동안 많은 비가 왔었다는 설명에 이해는 되지만, 그들의 삶이 머릿속에 그려진다.

상해의 야경을 보기 위해 황포강에서 유람선을 타게 되었다. 빌딩들이 제각각 다른 모습으로 조명과 어우러져 감탄사 연발이다. 똑같은 빌딩은 허가해주지 않고 특색 있는 빌딩을 지으라는 정부의 방침이라고 한다. 독재라는 생각이 들기도 했지만 기발하다는 쪽으로 가닥을 잡는다. 유람선이 출발하기 전 물이 탁한 것이 흠이라면 흠이었다.

다음날은 서원의 운하를 따라 정원 10명의 나룻배 유람을 하게 되

었는데, 옆의 나룻배에 묶여 있는 가마우지의 애처로움도 시선을 사로잡는 데는 잠시, 물이 너무도 더러워 불어오는 바람도 찜찜하게 느껴진다. 운하이다 보니 정화는 거의 안 되는 편이라서 그럴 수밖에

없다는 가이드의 설명인데 우리나라는 지금 운하를 건설하고 있는 실정이다. 왜? 이 시점에 이런 생각이 나는지 알 수 없다.

서당에는 금장사로 많은 돈을 번 일명 상해부자의 저택을 관광지로 오픈 한 곳이 있다. 2층의 목조건물로 넓은 정원에는 차를 마시는 암자도 작은 연못도 여러 종류의 꽃들도 있어 휴식공간의 아름다움이 엿보이기도 했다. 문학을 좋아하던 그는, 자신의 작품을 금가루를 이용해 부채 같은 것에 금분글씨를 쓰거나 금도금을 해서 팔았다고 한다. 전시된 작품들이 있었는데 글 또한 명필이요, 해묵은 것임에도 불구하고 금으로 쓴 글씨라서 선명한 것이 예쁘기까지 하다. 돈 좀 있다거나 글을 아는 사람들이라면 탐냈으리라는 생각이 들었다. 그런데 작품에 대한 설명이 되어 있지 않아서, 그 내용이 무엇인지 주로 어떤 것을 소재로 쓴 작품인지는 모르지만, 나름대로의 자신감이 있었기에 금을 이용했을 것이고 많이 팔렸다는 것은 그 만큼 공감을 얻었다는 것이리라 추측해 본다.

그의 작품에 대한 자신감에 '난 어떤가?' 뒤돌아본다. 살면서 어쩌면 가장 필요한 용기와 약140억 개의 뇌세포 중 일부일 기발한 아이디어에 재력 또한 겸비하니 존경스러움과 부러움에 사로잡히며 한자의 필체에 매료되었는데, 일행 두 명이 길을 잃었다는 전화에 가이드 갑자기 분주해졌다. 다행인 것이 실습을 했던 그분들, '공부해서 남 주느냐'는 말이 있듯이 '공부란 해도 해도 끝이 없으며 꼭 해야 하는 것이 공부라'는 것을 새삼 느끼는 시간이다.

한국인 관광객이 많은 중국에서 일행과 떨어지는 사람이 아주 많다고 한다. 전화도 안 되고 말도 안통하고……. 그럴 때를 대비해서 관광가이드들끼리 찾아주는 방법이 있다고 한다. 길을 잃은 그곳에서 아리랑을 부르고 서 있으면 시끄럽다거나 핀잔을 하는 것이 아니고 서로들 연락해서 찾아준다고 하는데, 그것은 길 잃은 한국인 관광객이라는 표시라는 것이다. 이게 사실인가 물었더니 그렇다고 한다.

길 잃은 관광객들을 배려하는 그들의 고마운 마음이 있어 화재가 된, 타국에서 듣는 아리랑, 아리랑을 부르며 울기도 웃기도 하는 우리민족의 마음뿐 아니라 가이드들의 마음속으로 세계로 뿌리를 내리고 있었음을 예전에는 생각지 못했었다. 형체라도 있음 있는 힘껏 끌어안고 싶으나, 핏줄 속에서 심장 속에서 온몸을 간질이니 전율에 흥얼흥얼 벌써 내 입은 그것을 부르고 있다.

"아리랑, 아리랑, 아라리요~ 아리랑 고개를 넘어간다.' 넘어간다~ 넘어 간다~"

그런데 왜 그렇게 목이 메는지? 고국에 돌아온 지금도 알 수가 없다.

바람과 나

터키로 출국하기 전부터 열기구 승선은 값이 비싸고 가끔씩 사고도 나고 있으니 타지 말자고, 결론을 내렸으나 막상 가이드의 설명을 들으니 설렘에 솔깃하고 스릴을 좋아하는 아이들을 생각해서 마음을 바꾸기로 했다. 가스에 점화를 하자 일어나는 강한 불꽃의 열기로 지붕을 밀어 올리니 둥글게 원으로 만들어지며, 하늘을 향해 바로서는 열기구에 오른다. 30명의 일행들은 그것의 균형을 위해 이곳저곳에 심어지듯 놓이고 두 명의 조종사는 이 줄, 당기고 저 줄, 당기고 가스 불을 강하게 약하게 조절하고 있다.

난 신바람이 났다. 이곳은 어디고, 저곳은 어디고 하면서 남편과 나는 가이드에게 들었던 것을 복습이라도 하듯이 대화를 이어간다. 고공에서의 여유로움에 하늘도 풍경도 공기도 마치 내 것인 양 즐거운 마음에 내려가기 싫다는 생각이 들었다. 새들도 비행할 때는 이런 기분일까? 한국인 관광객이 많다보니 한국말을 서툴게 조금씩 하는 조종사들이 "대~~한 민국, 대~~한 민국!"을 외치고 2002년 월드컵 이야기로 화제를 몰아가며 형제의 나라라고 하니, 우리는 더욱 신이

나서, 터키의 하늘에 대한민국을 그려 넣기라도 할 모양으로 목청껏 열정을 쏟아 부었다. 약 40-50분정도라고 했는데, 시간이 지나도 서비스로 추가 비행을 해주니 역시 형제의 나라는 틀리다고 감사표시로 이곳저곳에서 지갑을 열기도 했다.

사실 우리는 바람에 떠 밀려가고 있었음을 그들의 초조한 표정을 읽으면서 알게 되었다. 그곳도 겨울이지만 포근함에 견딜만한 온도인데 마음이 경직되니, 살랑대는 바람도 추위처럼 느껴지며 엄습하는 공포에 승객들은 점차 말이 없어져갔다. 예정보다 40분정도 더 소요되었지만 내려가지 못하고 위로만 올라가고 있으니, 머릿속을 하얗게 비워내는 고문 속에 움쩍할 수 없었던 고공에서의 고통을 느끼기에는 아주 긴 시간이었다.

몇 차례의 교신 끝에 질펀한 논에 착륙을 했다. 바람은 열기구와 우리를 더 먼 곳으로 끌어가려 하고, 밀려가는 열기구를 교신하던 그들의 일행 몇 사람은 끌어당기느라 안간힘을 쓰는 줄다리기에 놀라면서, 우린 열기구를 틀어잡고 있었다. 신발의 반 정도가 진흙에 묻히는 정도이니, 미끄러워 넘어지는 사람도 많았지만 살았다는 안도감에 일행들은 오로지 감사할 뿐이다.

무사귀환에 샴페인이 준비되어 있었다. 바람을 들이마시고 고비를 들이마신 뒤 목으로 넘어가는 샴페인을 꿀맛에 비교할까? 샴페인을 더 달라는 사람과 건배를 하고 마시자는 사람으로 얼마 전의 공포는 잊고 잔치분위기가 되었다.

귀국을 위해 이스탄불 공항에서 탑승을 하고 11시간의 비행이 시작되었다. 여행사의 선택이었으나 비용이 좀 적게 드는 비행기를 탔더니 몇 발자국 움직이는 것 외에 좌석도 좁아 숨 쉬는 것조차 힘들

게 느껴졌다.

장시간 비행기를 타다보니 무릎도 아팠지만 서성이는 사람들을 이해 할 수 없었다. 바람으로 인해 기체가 흔들리므로 안전벨트 하라는 승무원의 몇 차례의 말에 겨우 승복하는 탑승객들이다. 그들은 해외여행을 자주하는지 그래서 어느 정도는 감수를 하는지 몰라도 난 너무 무서웠다. 기체가 심하게 흔들림에 무사히 착륙할 수 있을지 걱정이 되면서 추락하는 비행기의 모습이 떠오르는 영화의 장면이 생각나고 있다.

아이가 군 입대를 하기 전에 터키로 가족여행을 가기로 한 것에 대해 후회하고 있었지만 어찌할 방도도 없이 무사하기만을 학수고대할 뿐이다. 나를 흔들어대는 기체, 만약에 불상사가 생긴다면 하는 상념에 사로잡혀 비행기의 행로만 주시하고 있는데 바람이 잔잔해졌다며 기내식을 신청 받고 있다. 승무원이 권하는 비빔밥을 섞으면서 '아수라장이 되었으면 이것처럼 뒤죽박죽이겠지.'하는 놀란 마음에 수저를 놓을 수밖에 없었다.

즐거움을 기대하던 여행을 다녀와서 잠만 자면 악몽에 시달리니 밤이면 사색을 하는 시간이 주어졌다. 내가 무서워하고 불안해하던 이유는 무엇이었을까? 졸고 있는 나를 보며 손님들은 아직 여독이 풀리지 않음이라 말하지만 꼭 그것은 아니었다. 설렘과 재미와 공포로 어우러진 여행이지만 난 무언가를 얻어야했다. 아니 숙제를 해야했다. 사흘쯤 지나니 오히려 하얀 밤이 기다려지면서 삶의 시간들을 되돌아보게 되었다.

열기구와 기체를 통해 나를 흔들어 댄 바람은 무슨 이유일까? 지표라고 할 것까지야 없지만 지나온 시간들을 돌이켜본다. 바람도 알고 있었을 모순투성이, 나만 모르는 그것이 답답해서 바람은 나를 그리도 흔들었나 보다.

오늘밤은 바람과의 데이트를 위해 조용조용 산책길에 오른다.

- 계간 <스토리문학> 2012년 신인문학상

파리의 기도

주일저녁, 경건한 마음으로 성당 문을 들어섰다. 예수님과 웃는 듯 아닌 듯 미소 지은 성모님을 올려다본다. 어느 날은 무언가를 달라는 기도를 하고 어느 날은 바람 없이 웃음을 드린다. 두 분께 손을 모아 인사를 하고, 현관문을 들어서면 사무실에 계신 신부님과 사무장님의 반기는 얼굴을 마주하며 인사를 한다.

앞쪽에 있는 성물 방을 기웃거린다. 성당에서 쓰이는 묵주, 성가책, 액자, 성가정상, 십자가……. 등이 아기자기 하다. 세례를 받기 전에도 지금도 성물 방에 들어서면 마음이 편해진다고 이곳이 참으로 좋다고 했더니, 자매님은 자주 들어오라면서 언제든지 환영한다고 한다.

미사가 진행 중이다. 신부님은 토시 하나까지 신경 쓰고 있는데 파리 한 마리 그이의 성가 책 앞에 앉았다. 그이도 나도 무심코 바라보고 있었다. 안도감이라도 느끼는지 한동안을 머무른다. 찬송가를 부르느라 성가 책을 들었고 찬송이 끝나면서 내려놓았더니 어느 곳에 있었는지 다시 날아와 앉는 파리다. 왕파리는 조금씩 자리를 옮기더니 내 쪽으로 기어온다. 신경을 쓰려는 것은 아닌데 자꾸 시선이 가므로 파리를 덮어놓기라도 할 생각이었다. 주보를 들고 그 밑으로 들어가길 바라는데 멈춰선 파리는 손을 비비고 있다. 파리가 손을 비비는 것은 흔한 짓인지라 그리 웃을 일도 아닌데, 자꾸 신경을 거슬리게 하니 손을 저었는데도 꿈적도 하지 않는다. 잠깐 쉬는 듯하더니 다시 손을 비비는 동작을 계속하고 있다.

엄지와 검지를 구부려 파리의 꽁무니를 쳤다. 나무라는 듯 그이는 나를 쿡 찌른다. 순간 우리는 웃음이 터졌는데 참으려 할수록 쿨룩이며 나오는 기침처럼 참을 수가 없다. 아무 일도 없는 듯 고개를 들어도 아니 고개를 숙여도 킥킥 일 듯 웃음이 이어진다. 겨우 웃음을 참고 이성을 찾았다. 철부지 어린애도 아닌데 성전에서 그것도 강론시간에 장난이라니 내가 한 짓이지만 순간 후회가 된다. 끝까지 모른 체할 것을…….

낙상하는 줄 알았던 파리가 다시 나타나 고공비행을 하더니 신부님 등 쪽에 앉는다. '아, 어떻게 하지 감히 신부님 옷에…….' 웃음은 걱정으로 바뀌었다. 미사가 끝나고 성당카페에서 우리 일행은 덕계동성당 신부님이신 이동섭 가브리엘님과 찻잔을 마주하고 앉았다. 전 신부님이신 강진구의 야고보님께서 일본으로 가시면서 우리는 동네성당으로 다니고 있었기에, 부임하시고 세 번째 주일을 맞으셨지만 우리부부는 초면인 날이다. 담소 중에 '신부님, 이럴 때는 고해성사를 해야 하는 건가요?'라며 웃음은 띄었으나 내심 죄송한 마음이었고 질책을 하신다 해도 당연하다는 생각을 하며 강론시간의 파리이야기를 빠짐없이 말씀드렸다.

신부님 말씀인즉 "파리가 두 손을 비비고 있던 것은 기도를 하는 것이고, 내 등에 앉은 것은 그곳이 제일 안전한 것을 알았기 때문일 것입니다."라고 말씀하신다.

지적을 하시는 것이 아니라 말씀 중에도 느껴지는 신앙인의 자세에 감동받는 나는 새내기 신자이다. 집에 왔는데 파리생각이 난다. "왜? 그랬지?" 왕푼수의 사건 중에 사건이다. 푼수짓은 후회되지만 새내기신자를 다독여주시는 은혜로운 순간에 '와~, 멋진 신부님'이라는 말이 튀어나올 듯 입속에서 맴 돌았다. 내 동네 성당은 아닌데 다음 주도 그쪽 성당으로 발걸음 떼고 싶을 것 같다. 신부님이 아닌 믿음으로 행하는 주일미사이니 부담을 느낄 것은 아니나 교적도 옮겼는데…….

술이 무엇이기에

한창 일할 나이의 촛불이 꺼졌다. 너무도 놀라 진정이 되지 않는다. 장례식장으로 조문을 가는 발걸음이 무겁기만 하다. 정말 그 사람이 사망했다고 할까봐. 제발 사실이 아니었기를 바라며 용기를 내어 겨우 들어섰는데 웃고 있는 영정사진을 멍하니 바라본다. 군에 간 아들과 여고생 딸을 둔 아버지요, 부모님께는 효자로 직장에서는 신임 받는 일꾼이었다. 겨우 오십대에 아무것도 모른 체 죽음으로 접어든 비보로 동네는 술렁거렸다. 그 착한사람이? 설마 아니겠지. 많은 사람들의 첫마디였고 사실이 아니길 바라는 마음이었다.

출근해서 건물 앞 주차장에 차를 대고 물건을 내리고 있었다고 한다. 문자를 주고받으며 과속을 하던 차가 인도를 지나 주차장으로 돌진 한 것이었다. 사고가 크게 난 것도 감지 못하는 면허취소 이상의 술에 취한 상태로. 이웃들의 슬픔은 시간이 흐르면 잊히겠으나, 그 가족들은 평생을 아파하고 그리워해야 하는 고통이 따른다. 술이 깬 뒤 후회하는 피의자는 또 어떤가. 자신으로 인해 힘들어할 가족과 자신의 인생을 망친 길임을 뒤늦게 후회한들 대책은 없는 것이다.

업무가 끝나는 저녁이오면 흔하게 널려 있는 술집을 찾는 것은 이상한 것이 아닌 당연하고 자연스러운 생활이 된지 오래다. 술을 마셔야하는 이유는 부지기수다. 경사가 있을 시는 어우러지며 축하를 하고, 옥신각신 끝에는 껄끄러운 사이를 풀기 위해서, 단체의 화합을 위해서……, 등, 술을 마시는데 굳이 이유를 따질 것은 없다.

전철이나 버스를 탔을 때 술과 음식의 냄새로 곤욕을 치룬 사람은 알고 있을 것이다. 전철은 다른 칸으로 옮겨갈 수도 있지만 버스는 내려서 다음 버스로 갈아타는 것은 쉽지가 않다는 것은 고통이다. 대중교통을 이용함은 이해를 하지만 간혹 티격태격하는 일행을 볼 때가 있다. 술의 고집은 대단해서 서로 내말이 맞는다고 우기다보니 목소리는 점점 커진다. 시비가 가려지면 승자의 웃음소리가 난무한다.

간혹 잠이든 사람들이 있다. 코 곪음도 내 집인 양 쩍 벌린 다리도 이해를 한다고 치자. 최대한 편한 자세도 싫증이 나는지 자세를 바꾸며 온몸을 싣는 사람, 어른들은 손으로 밀기도 하지만, 젊은 사람들은, 특히 아가씨들이나 학생들은 말도 못하고 슬그머니 일어서고 마는 경우도 있다. 요즘 젊은이들이 얼마나 힘든지 굳이 설명을 안 해도 알고 있는 사실이다. 젊었으니 서서 가도 된다는 것은 현실에 어울리지 않는 말이 된지도 오래다.

며칠 전, 남편의 친구들은 ○○가 입원했다는 문자를 받았다. 하루가 지나 다시 온 문자로 인해 친구들은 모든 것을 제쳐두고 서둘러 병문안을 갔다. 직장 동료들과 회식을 하고, 노래방 앞에서 집에 간다고 하는 사람을 들어가자고 밀고 당기다가 굴렀다고 한다. 위세척을 하고 심폐소생술을 했으나 반응이 없는 친구는 뇌사판정을 받았고 일주일이 지나도 차도가 없더니 다시 사망했다고 연락이 왔다. 우리 세대의 술버릇도 문제지만 몸을 가누지 못할 정도로 마실 나이도 아니다.

친구의 사고 소식을 접하면서 그이는 잠을 이루지 못하고 있었다. 가까운 사이가 아니라도, 특별히 만나는 사이가 아니라도 혼수상태는 불행을 예고하기에 모두를 슬프게 하는 것인데 고인은 50년지기 죽마고우 중 하나였다. 하루는 밤새 잠을 못 잤다는 말에 공감을 했다. 뜻밖의 사고에 내 마음도 어수선하니 손에 일이 안 잡히는데 그의 맘은 오죽하랴 싶었다. 술에 취해 들어와 소파에서 졸고 있던 그 사람이다. 코를 곯아대니 뉴스도 제대로 안 들렸지만 술로라도 마음을 달래는 모습이 안쓰러웠다. 다음 날도 또 잠이 오질 않아 뜬눈으로 밤을 보냈다며 짜증을 낸다. 그 날도 취해서 소파에서 코를 곯았으면서 말이다. 며칠째 그 말을 듣는 나도 짜증이 났다.

"술이 문제가 아니라 술을 보면 끝을 봐야하는 태도가 문제인거야. 당신도 술은 적당히 마시고 과하다 싶으면 들어가서 잠을 청해. 옆에 있는 사람 고충을 취해서 알 턱이 있나. 그리고 내가 그 친구에게 술을 마시라고 했어? 친구의 사고가 왜 나에게 화살이 날아오는데……. 술 마시면 무슨 벼슬이라도 한 것 마냥 그 친구는 왜 노래방 앞에서 밀고 당겼다는데."

인사불성이 되어서 집은 찾아오지만 술 냄새와 어수선한 마음으로 인해 나 역시도 며칠째 뜬눈으로 새웠다. 그의 부인 생각에 가슴이 아팠다. 여리고 착한 미인이었다. 어떻게 위로를 할 수 있을까. 사별을 위로하려니 세상사가 참으로 허무하다는 생각이었다. 떠나는 것도 모르고 떠난 사람도, 평상시처럼 오늘도 수고하라며 보낸 사람도 속이 오죽할까? 화가 난 것은 남편이 아닌 부정할 수 없는 현실인데,

답답하던 차 말문이 트인 듯 쏟아낸 것이다.

"친구가 집에 간다고 하니 동료가 옷자락을 잡아당겼는데, 비틀거리다 지하로 내려가는 계단에 발을 헛디디면서 굴렀다고 하네."

익히 알고 있는 사실을 가르쳐주려는 것이 아니고, 헛헛한 마음에 되뇌는 소리를 하는 그이의 모습이 쓸쓸하기 짝이 없다.

그이는 지금 장례식장에 있다. 내일 화장터로 납골당으로 다니며 떠난 친구의 뒷정리를 하려고, 친구를 보면 그를 알 수 있기에 결혼 전에 그이에게 친구들과 같이 나오라고 했었다. 떠난 친구와 다른 친구가 나왔는데 첫 인상부터 믿음이 가던 그 친구가 떠난 것은 나도 슬프다. 난 지금 장례식장에 있지 않지만 그 친구를 애도한다. 장례식장에 모인 친구들은 한마디씩 하고 있겠지. 이놈의 술이 원수라고. 그러면서 하나씩 둘씩 취해가겠지. 친구를 잃은 비통함이 얼마나 큰 고통일 텐데 어찌 맨 정신으로 보낼 수 있을까? 술이 죽음으로 몰고 갔는데, 또 죽음을 애도하며 마셔야 한다. 술이 무엇이기에…….

해마다 그랬듯이 연말이 되면 또 술로 인한 사고뉴스가 나올 것이다. 많은 변화로 연말은 가족과 함께하는 가정들이 늘고 있지만, 정착을 하려면 아직도 멀기만 한 술자리의 문화, 자중할 줄 아는 술자리가 되어야 하지 않을까.

중앙선

그 순간이 지난 줄 알았는데, 아직도 진행 중이다. 어이가 없으니 쓴웃음이 나오는데 그런 식으로 인생을 사는가싶어서 그의 직장이름을 거들먹거리며 소문을 내고도 싶은 심정이다. 집 앞은 많은 음식점들의 밀집으로 늘 복잡하다. 한쪽 차선은 늘 주차상태이니 다른 쪽 차선으로 서로 양보하면서 다니고 있어도 불상사는 없었던 동네길이다. 그러한 동네사정을 감안해서 단속을 하지는 않지만 중앙선이 그려있다. 거의 동네사람들이다보니 마주치면 서로 먼저가라고 양보하는 풍경이 그려지는 곳이다.

오후 4시쯤, 좌회전을 해서 조금 내려오다 보니 왼쪽 골목길 조금 안쪽으로 피아노 학원차가 좌측 불을 켜고 정차 중이었다. 약간의 경사진 곳에서 내차는 내려가는 중이고 상대방은 정차해있는 상태이니, 당연히 나의 뒤를 이을 것이라 생각했다. 내 차가 그녀의 차 앞을 거의 지나갈 무렵, 그 차가 서서히 나오더니 갑자기 오른쪽 방향으로 핸들을 틀고 있다. 진초록의 봉고차가 밀고 들어오는데 긁히는 순간의 기분 나쁜 소리보다는 뒤에는 아이들이 둘이나 타 있었기에 얼마나 놀랐는지……. 잠시 정차를 하니 앞뒤로 차들이 밀리고 순식간에 그곳은 피서철 주차장을 연상할 정도로 복잡해졌다.

"앞에 차가 지나가는데 나오면 어떻게 해요, 더구나 그쪽 차는 정차 상태였잖아요, 그것도 왼쪽 깜빡이를 켜고 오른쪽으로……."

"깜빡이 켰는데요.……."

그의 봉고차는 앞에 보조범퍼를 설치했기에 약간의 자국만 있을 뿐이고 우리 차는 뒷문 쪽이 약간 들어가면서 살짝 긁힌 정도이다. 서로 이해하기로 하고 서로 미안하다며 인사하고 헤어졌는데, 다음날 보험회사에서 그쪽이 입원했다고 연락이 왔다. 속도가 있었던 것도 아니고 어제만 해도 다친 곳은 없다고 말했는데, 아니 다치고 싶어도 다칠 수 없는 속도인데 기가 막히다.

문제는 주차된 차들로 차도가 막혀있어서 내 차가 중앙선을 넘어선 그것을 걸고 넘어가려는 것이다. 오히려 받친 것은 내 차이고 실수로 따지면 그쪽인데 법이란 것이 중앙선을 먼저 앞세운다나? 초행길도 아니고 동네에서는 서로 양보하며 다니는 그 곳인데, 모를 리도 없고 상습범인가 싶은 생각도 든다. 내가 억울해하니 보험회사에서는 관리를 안 한 시청이 잘못이 있다며 시청에 손해배상을 청구해야 한다는 것이다. 어제 일만 해도 경미한 상태이니 자비로 수리할 생각을 하고 있었다.

동네이다 보니 '상대방이 중앙선을 침범했으니 무조건 입원 만하면 돈이 된다고 하니 입원하라는 주위의 충동질이 있었다.'는 소문이 돌고 있었다. 아이들의 학원을 운영하는 사람이 그리도 비양심적이고 사리분별이 없다니 하나를 보면 열을 안다고 했다. 나도 아이들을 키우는 엄마로써 아이들을 위해서라도 학원이름을 들먹이며 소문을 내고 싶었었다.

"걱정 마세요, 경찰도, 보험도 폼으로 있는 것 아닙니다."라는 전화로 마무리되었지만.

갈망

내가 읽고 있는 책값을 운운하는 그이가 좀스럽게 느껴진다. 장편은 다음 내용이 궁금해서이고 단편은 빨리 끝나니 또 사야하는데, 대여점이 생기다보니 그이는 빌려서 보면 되지 책값을 들이느냐는 말이다. 읽은 책은 소장하고 싶은 욕심이 있는 나였다. 교과서에 빨간펜으로 중요표시를 하듯 마음에 와 닿는 내용이라던가, 이해가 되지 않는 부분에 표시를 하고, 시간이 흘러 문득 그 대목이 생각날 때 다시 펼치면 '그래 이거였어!'라 할 때의 기분은 끙끙 앓아도 풀지 못하던 수학문제를 풀었을 때처럼 기분이 좋아진다.

밑줄로 표시된, 내포된 글이 사랑에 관한 것이라면 주변에 있는 사람들을 사랑하게 되는 감성이 생기고, 소설로서의 소재일 경우 색다른 경험을 토대로 의미를 되짚어보는 계기가 된다. 한 번 더 음미하며 느낄 수 있는 여유 또한 색다른 즐거운 맛이다. 그런데 대여를 해 책을 읽다보면 기계적으로 내용을 모두 습득을 해야 하니 손해를 보는 느낌이 든다.

어린 시절, 깨알 같은 글씨로 세로줄이었다는 기억과, 초록빛 표지

인 것 밖에 기억이 없는 『톨스토이 인생독본』이라는 두꺼운 책을 접한 적이 있다. 당시에도 그러한 표시를 했었고 이사를 하면서 책의 행방을 알 수 없을 때 가끔 읽은 내용이 어렴풋이 생각나면 뭐였더라? 고민하다 잊을 수밖에 없던 시간들이 있은 뒤로, 읽은 책에 대해 더욱 애착을 갖게 되었다.

마음을 피력했어도 서점에 다녀오면 부부싸움으로 이어지기에 책 사는 것을 자제하다보니 오랫동안 잊었던 독서였다.

부부싸움을 다시해도 좋다는 오기로 책을 사와서 보란 듯이 그 앞에서 펼쳤는데 어찌된 일인지 글씨가 두 겹으로 보이고 있다. 평소 시력은 2.0이었는데 노안이라는 진단이 나왔다. 돋보기를 사왔는데 그것을 쓰고 책을 보려니 두 바닥만 보면 눈도 아프고 머리도 아파온다. 책을 읽을 수 없다는 현실도, 시력의 저하도 슬픔이었지만 특별히 한 것도 없는데 흐른 세월을 감당해야 한다는 것은 적잖은 충격이다.

들려오는 포천문예대학개강 소식에 뛸 듯이 기뻤다. 도서실은커녕 문화시설도 없는 촌에서 배움이라는 자체만으로도 흥이 절로 솟는다, 시에서 후원하므로 버스비와 저녁의 몇 시간, 일주일에 두 번의 시간만을 필요로 했다. 나의 의중은 아랑곳 않고 반대를 하기에, 티격태격 말다툼을 하면서도 바뀌지 않는 현실에 짜증은 증폭되고, 수업을 받고 오면 이어지는 갈등으로 세 번째 수업 전날 '포기냐? 오기냐?'를 밤새 고민해서 결론을 내렸는데도 수업 시간 내내 가슴을 졸인다.

어린 칠남매는 공부도 잘하고 제각기 특기들이 있었지만, 병사하신 아버지자리를 친정엄마가 혼자 감당하기에는 지독히 힘든 시절이라서 꿈을 포기했었다. 남편은 싫어서 학업을 포기한 사람인지라 배움에 대한 갈망을 이해 못하는가 싶은 생각에 그를 이해하려고 노력해 본다.

하지만 나는 세상의 모든 것을 배우고 싶었고, 타인과의 대화에 당당해지고 싶다는 욕망이 꿈틀거린다. 때로는 주눅 들어있는 본 모습을 감추고 트집이라도 잡을라치면 내가 먼저 말미를 꺼내고 "그리도 싫다면 합당한 이유"를 대라고 다그치기도 했지만 변함이 없다.

그렇게 싫다는데 고집을 하는 이유는 무엇인가? 그가 원하는 한정된 공간에서 늘 순응하는 자세로 살아오던 어느 날, "나는 누구이고 무엇을 위해 어떻게 살고 있는가?"라는 주제의 강연을 듣고 있었다. 비록 짧은 시간이지만 바쁘게 돌던 머릿속은 무엇엔가 부딪힌 듯 멍한 상태가 되었다. 아무리 생각해도 누구나 갖고 있는 대명사를 소유했을 뿐이기에, 강사님의 눈길을 피했던 순간을 통해 비로소 보게 된 부끄러운 자신이었다.

수업이 있는 날이면 설레는 마음 통제가 안 됨을 어이하리요. 혼자서 키득거리며 강의실로 향하는데, 며칠 전 아이가 개설해놓은 카카오톡 가족 방에 글이 올라왔다.

"서점인데 읽고 싶은 책 제목이 뭐야?"

"사랑하는 ㅇㅇ씨 공부 열심히 하고 와^^"

믿어지지 않는 현실에 뭐라고 답을 보내야하는지 다시 확인해도 같은 글. 문자사용도 못하는 사람인데 그 말을 해주고 싶어 며칠 전부터 아이를 불렀었나 보다.

서로를 할퀴던 시간들이 얼마나 아팠는데, 조금만 더 일찍 이해를 해주었더라면 하는 아쉬움이 없는 것은 아니나 봄 햇살에 눈이 녹아내리듯 동안의 아픔들 잊어 가리라.

당당한 척 하던 얼굴과는 달리 늘 무거웠던 마음속이었다. 넋두리와 푸념을 말없이 수용하며 다독여주는 글로인해 행복을 느끼는 순간이면, 나도 멋진 글을 쓰고 싶다고 매달리던 욕심 한 자락 허용하고 싶었던, 책을 기다리는 가슴에 방망이질이 시작되었다. 이제 시작이다.

-사) 한국문인협회 의정부지부 주최
제16회 의정부문학공모전 입상작

행사

열흘 뒤, 저녁 6시에 홍천문인협회에서 출판기념회 겸 공모전 입상자에 대한 시상식을 한다. 초대장의 글들은 거의 비슷한데 꼭 모시고 싶다는 인사로 시작한 초대장의 문구를 읽고 또 읽는다. 마음을 사로잡는 글을 쓰신 분은 어떤 분이실까? 궁금하고 행사가 끝나고 문우들과의 대화의 시간을 준비하셨다는 소스에도 설렘이 일고 있다.

시상식이 끝난 뒤 모텔에서 밤을 보내고, 은행나무 숲길을 누구의 방해도 없이 사색에 잠겨 걸으며, 뻥 뚫려 허전한 마음을 쓸어내리고 싶었다. 아무것도 쓰지 못하고 흘러가는 시간이 이렇다 할 다른 소일거리가 있는 것도 아니기에, 침대에 누울 때면 이유 없이 짜증이 날 뿐이다. 내가 글을 업으로 하는 것도 아니고 이 시점에 한 줄 못쓰는 것이 당연하리라 여기면 될 일이기도 했지만, 수렁에서 그만 나와야 하리라는 압박감 또한 배제할 수 없다.

나 : 엄마! 심심하면 텔레비전 보고 계세요. 난 컴퓨터 볼 것이 있어서요.

엄마 : 아니야, 괜찮으니까 할 일 있으면 엄마 신경 쓰지 말고 해. 재밌는 것 하는데 이것도 봐야지.

엄마는 드라마 <주몽>의 팬이셨는데 본방이 끝나고 다시 시작한 재방, 삼방인데도 푹 빠지셨다. 재밌어 하시며 웃으시는 모습을 써 내려가다가 어린 시절 추억이 떠오르며 웃음이 나왔다.

나 : 엄마! 우리어릴 때 세차기하다가 변소에 빠졌던 친구 있었잖아, 그래서 '똥통'이라고 별명이 붙은 그 애 보고 싶은데 연락이 안 되네.

엄마 : 응, 그 애 엄마랑 나랑 친목회하고 있어서 연락되는데 전화번호 가르쳐줄게.

나 : 엄마, 사실은 그날 동네를 세 번씩이나 돌아다녔어도 그 팀을 못 찾았는데 머리를 풀고 울면서 우릴 따라오는 귀신을 만났어, 무서워서 집으로 도망 와서 달달 떨었는데 다음날 들어보니 그 애 이었잖아 글쎄…….

엄마 옆에 바짝 붙어 앉아 핸드크림을 듬뿍 발라드리며 다시 옛이야기를 이어갔다.

나 : 엄마랑 나랑 같은 직장에 근무할 때 당시는 몰랐는데 생각해보니 그때가 제일 행복했던 것 같아, 엄마와 나의 시간들을 글로 써 보고 싶은데 엄마생각은 어때?

엄마 : 네가 고생했지 어린나이에, 여유가 있었으면 하고 싶은 공부를 시켰을 텐데……. 남들이 웃으라고 환경미화원 이야기를 쓰려고?

나 : 환경미화원이 어때서? 우리를 공부시키고 키워준 직업인데……. 부잣집 딸로 태어나 전쟁 중에 서모로 인해 인생이 바뀌고 청소부가 되기까지의 모든 이야기, 하지만 난 엄마가 자랑스럽고 세상의 누구보다도 좋아요! 사랑하는 엄마 조금만 기다리세요.

손가락을 걸며 약속을 하는데 웃으시는 엄마를 보며 마음을 다잡는다. '그래! 지난 일들을 열심히 써 보는 거야. 생신 일에 이렇게 키워주셔서 감사하다.'고, '고생 많으셨다'는 편지를 썼을 때, 오히려 '고맙다.'고 하시며 그토록 흡족해하셨기에 이번에는 좀 더 구체적으로 엄마의 일생을 코믹성을 띄면서 써보고 싶었다. 코믹만으로 이어진 인생은 아니었으나, 어차피 지나온 길이니 글을 읽는 엄마의 마음을 고려해서 내린 생각이었다.

책 읽는 것을 좋아하는 엄마는 깐깐하게 문장을 지적하실 분은 아니니 편한 마음으로 있는 그대로를 서술만 하면 될 것이라 생각했었다.

읽고 또 읽으며 웃으실 모습만으로도 가슴이 벅차오르는데 제대로 시작도 하기 전에 엄마는 이승을 떠나셨고 그 후로는 제약 없는 주제를 놓고도 통 글을 쓸 수가 없었다. 엄마이야기를 쓰려니 슬프고 넋두리는 자신을 너무 아프게 하기에…….

이번에 도전하고 입상에 들지 못하면 글 쓰는 것을 포기하자고, 포기하리라고 생각하며 내민 수기였다. 사실 수필로 생각하고 썼는데 접수창구에서 수기라는 사실을 발견했다.

다음날이 마감일로 기억되는데 바쁜 일도 있었으므로 아차하면 마감일을 놓치게 되었으니 순간 갈등은 컸었다. 내일 수정해보고 안되면 포기할까하다가 분량을 줄이며 미묘한 부분들을 수정하면서 2~30분에 수기로 고쳐서 접수를 했던 터이기에 결과는 기다릴 것도 없다고 생각했다.

발표일이다. 홍천문인협회 카페에 들어가 결과를 봤는데 아무리 봐도 없는 내 이름이다. 그래, 그렇지! 진득하니 쓰고 수정을 했어도 모자랄 판에 급히 수정을 하고 결과를 기다리는 자신이 우습기도 하고, 무거운 짐을 내려놓듯이 차라리 속이 시원하기도 하다. 보내면서도 '어차피 안 될 걸'했던 내가 아니었던가.

무료도 하고 심심도 하고 마음과는 달리 쓴잔을 마시고나니 만사가 귀찮아졌다. 하릴없이 인터넷을 뒤지고 커피를 마시고 공상에 잠기다보니 저녁쌀도 씻지 않았는데 밖이 어둡다. 늘 잡곡밥을 하니 벌써 씻어서 불렸어야 하는데. 할 수없이 흰쌀에 콩을 넣어 준비를 해놓고 찌개거리 준비를 마쳤는데 또 심심하다. 아니 공허하다. 기대의 가치도 없던 글을 보내놓고 결과를 보러 카페를 방문한 자신이 우습기만하다.

그래, 이젠 글이라는 것 잊고 살자고 자신을 다독이면서도 수상자들의 글이 궁금하다. 읽어보고 싶었다. 글이 혹시 올라왔으면 읽어보자는 생각이 들어 다시카페에 들렀다.

'어? 뭐야 아까는 못 봤는데…….' 내 이름 세 글자가 보인다. 동명이인이려니 하면서 주소를 확인하니 '솔봉로' 라고 씌어있다. 그래 동명이인이었어. 그런데 '솔봉로'는 어느 곳이지? 번지수도 같은데. 갸우뚱하다 밑에 보니 혹 주소가 잘못되신 분은 연락 달라는 글귀가 보인다. 이름도 주제도 번지수도 다 같은데, 그렇다면 주소를 오타를 친 것이라는 계산이 나온다. '봉솔로'를 '솔봉로'라고……. 순간, '축하드린다'고 포천문인협회 회장님으로부터 문자가 왔다.

와……. 비록 입상이지만 당선이야. 전국을 대상으로 했기에 입상이 얼마나 큰 것인가도 나를 웃게 했지만 포기하리라던 글을 포기하지 않아도 된다는, 수렁에서 한 발자국 빠져나왔음을 증명하는 인증 같은 커다란 기쁨이 가슴 속으로부터 올라온다.

은혜를 주신 분들께 인사를 드리고 싶어서라도 꼭 가리라 생각했었고 그날이 오기를 기다렸는데 행사일이 다가오며 날짜를 짚어보다가 눈이 크게 떠졌다. 기일과 맞물렸다.

순간 어찌해야 하는지 잠시 고민에 빠졌다. 시외버스를 타고 가리라 생각했었는데, 상경하는 막차는 7시 50분이니 시상식이 끝나기 전이라서 망설여진다. 다음날의 일정은 당연히 배제해야 하고 식 도중에 나와야한다. 장거리운전을 하고 다녀온다는 것은 긴장이 되지만 급한 마음으로 운전대를 잡는 것은 피해야 할 일이다.

가신 길 되짚으며 오시는 특별한 날의 맞물림, 엄마는 나보다도 그날을 기다리셨는지도 모른다고 생각하니 은행나무 숲길을 배회하며 쓸어내리고 싶던 가슴에서 무엇인가 녹아내린다. 주최 측에 불참을 해야 하는 부득이한 사정을 말씀드리려고 폰을 들고 고민한다. 꼭 참석하겠다고 말씀드렸었는데, 어떻게 말미를 꺼내야 할까.

참견

1년에 한 번 치루는 큰 행사에, 부상을 입어도 아랑곳 않고 그곳의 아이들은 두 달이 넘도록 연습해온 것을, 오늘은 내빈과 부모님을 모시고 힘껏 뽐내는 날이다.

어느 당의 수뇌부이신 분이 축하의 인사말을 끝낸 직후, 다른 행사장으로 이동하신다고 하자 분위기가 술렁대고 있다. 학원 행사와는 관계가 없지만 그분의 얼굴을 보기 위해 많은 사람들이 와 있는 상태였다. 학원장의 동의를 구했다. "아이들의 고생을 지켜본 사람으로, 주민의 한 사람으로 저분들께 실례를 해야겠습니다." 학원장은 나를 말리지 못했고 차를 타려는 그분들 앞으로 다가갔다.

"잠시 대화할 시간을 주시겠습니까? 학원과는 관계없는 사적인 견해임을 말씀드립니다. 오해 없으시기 바랍니다. 오늘따라 장대비가 내리고 있는데 하물며 학원 행사와는 관계없이 많은 분들이 오신 걸 보셨을 겁니다. 자리가 없어 밖에서 우산을 쓰고 있는 저 많은 분들이 왜 오셨다고 생각하시는지요?"

"선생님들은 지금 아이들의 학원에 오셨습니다. 고생했다는 다독임은 못주실망정 나름 연습한 아이들이 무얼 보고 배우겠으며, 이리 행사 중에 가시면 의욕상실이 아니겠습니까? 많은 학부모님들과 주민들 역시도 선생님들이 오신다기에 모이셨는데, 녹을 먹는 분들이라면 주민들과의 대화나 애환에 귀 기울이는 자세는 선거 때만 필요한 것이 아니라 사려 됩니다. 바쁘신 분들이니 물론 이해는 합니다만 행사 중에 가시는 결례만은 범하지 않으셨으면 하는 바램입니다."

순간 주제넘은 참견일까 하는 망설임도 없지 않았다. ㅇㅇ도 오신다며 열심히 연습하던 아이들의 모습이 눈앞에 있었다. 자신만만한 아이들이 최선을 다하는 시간을 만들어주고 싶었고 동안의 고생이 기쁨으로 승화하기를 바라는 마음이었다. 어떻게 해서라도 그분들의 이동을 막고 싶은 간절함은 상대방에게 말 할 틈도 주지 않고 이어갔다. 그리고는 잠시의 침묵 끝에 그분의 대답이 이어졌다.

"생각이 짧았습니다. 앞으로 행사일정 계획할 시는 참고하도록 하겠습니다……."

나는 '앞으로까지는 관심이 없으니 행사장으로 다시 들어가시기를 바란다.'고 했다.

타인에게 시비는 원치 않는 성격인데 이렇게 일을 저지르고 보니 기분이 가라앉았다. 며칠이지나 전화를 받았다. 지적을 받으며 당황하셨다며 가능한 행사 참석 시에는 끝까지 자리를 지키고 있다는 말씀과, 미처 생각하지 못했는데 감사하다는 말씀이다.

그 후에, 어느 행사장에 오신 걸 보았다. 정말 끝까지 자리를 지키는지 지켜보는 자신이 우습기도 했다. 행사가 끝나고 주민들의 애환을 넌지시 묻는 그분의 태도를 보며 정치인에 대한 인식이 바뀌고 있는 자신을 발견했다. 그분의 축사에서 지키는 것도 중요하지만 미래 도약을 위한 자기개발의 필요성을 듣게 되며 집에 돌아와 밤새 잠을 이룰 수 없었다.

코앞의 현실에 묻혀 각박하게 살고 있는 내 모습을 본 것이다. 미래 도약을 위한 자기개발? 남의 말 같기만 한데도 눈을 감으면 더욱 선명히 들려온다.

"아주 멀리 왔다고 생각했는데 / 돌아다 볼 곳 없네. / 아주 높이 올랐다 생각했는데 / 내려다 볼 곳 없네……."

어느 상점에서 틀어놓은 노래가사가 나를 휘감으며 발걸음을 멈추게 한다. 아내, 엄마, 며느리라는 이름이 최고지 인 듯 착각 속에 나이를 들먹이며 안주하던 자신, 자신의 주제파악도 못하면서 타인의 티끌을 보아줄 아량도 없었던 자신, 참견을 하고 그분의 말대로 약속을 지키는가를 지켜본 자신의 비아냥거림소리 들리는 듯하다. 미래도약이란 거창함은 아닐지라도, 윤택한 자신을 만들기 위한 첫 걸음이 되기를 희망하면서 오늘은 서점이라도 들러야겠다.

희망은 대기 중

직사각형의 작은방이다. 늦잠을 잤기에 아침을 준비하려고 허겁지겁 나가다 보니 얕은 문을 생각 못하고 그만 머리를 찧어 주저앉고 말았다. 부엌에서 준비한 밥상을 들고 들어오다가 '아이쿠' 문에 머리를 또 받혔다. 밥상을 꽉 움켜쥐었기에 쏟지 않음이 다행이었으나 반복되는 아픔에 눈물이 돌기도하면서 피식 웃음이 나왔다.

"너, 바보 아니니?"

월세를 내는 날이 일주일 남았다. 말일이면 오시는 집주인아저씨는 계약당시 하루만 늦어도 방을 빼겠다는 말씀을 하셨던 터인지라 돈이 장만이 안 될까 노심초사하는 마음은 달력을 보며 덜컹 내려앉는다.

위험성을 갖고 있는 그이의 직업을 그만두고 타지에서 장사를 시작하다보니 월세를 얻은 것인데, 각종 지출이 겹쳐있는 말일이오면 돈으로 인한 홍역을 치른지 3년이 지났시반 아직도 분턱을 넘을 때면 간혹 부딪는다.

제발이지 문이라도 좀 큰집으로 이사하면 좋겠다는 소원을 이루며

독채 전셋집을 얻었다. 방도 둘이나 되고 거실도 욕실도 있는데 뒤뜰에는 커다란 밤나무와 대추나무가 있고 앞마당에는 배나무와 텃밭이 있었다.

잠이 들었는데 천장에서 우당탕하는 소리에 벌떡 일어났다. 이어 '찍찍~'하는 소리가 들려온다. 고양이가 쥐를 잡으러 천정 속으로 들어간 사실을 알게 되었다. 물을 마시려고 거실에 발을 들여놓는데 시커먼 것이 지나간다. 화들 짝이며 스위치를 켜니 가족이라도 되는지 무리지은 쥐떼들이다. 그렇게 첫날을 설쳤지만 세발자전거를 타고 밀고하는 아이들을 보며 행복하다.

방울토미토를 씻은 뒤 아이들을 부르다 다시 나가라고 소리를 쳤다. 거실 한복판에 뱀이 들어온 것이다. 가을이 되니 뒤뜰에 수도 없이 떨어지는 밤을 주우면서, 겨울이 지나고 봄이 시작될 무렵의 어느 날 싱크대 물이 빠지지 않아 배수구 땅을 조금씩 파다가 놀라서 호미를 집어던지고 비명을 질렀다. 겨울잠을 자던 뱀이 어찌 그곳에 있는지 모르겠으나 동그라니 감은 몸이 하수구를 꽉 막고 있는 것이다.

몇 발자국 거닐다보면 동산이 있고 계절에 어울리는 풀벌레 소리 들리니 '스르르, 찌르르, 맴맴'하면서 음의 고저를 익히며 발성연습을 하는듯한 아이들과의 협주곡이 웃음으로 이어져가는 행복을 느끼던 어느 날, 종친회 땅이므로 팔수도 없지만 문중의 계획이 있으니 집을 비워달라는 전화를 받았다. '이사 가지 말자'고 조르는 아이들에게 '쥐도 모기도 뱀도 많고 벌레도 들어오는데…….'라고 말하면서 아이들을 달랜다. 나 역시도 이곳에 계속 살고 싶은 바람이지만 어린아이처럼 때를 써서 될 일은 아니었다.

10년간의 장기융자금을 내기로 하고 빌라를 장만하며, 이제는 월세를 낼 일도 집을 비워달라는 일도 없을 테니 작은집이지만 단꿈을 이루는 시간들이 쌓여간다.

아이들을 데리고 집 옆에 있는 공터를 자주 찾는다. 방아깨비를 잡아 다리를 쥐어 주고 어릴 적 놀이 삼던 '아침 방아 찧어라, 점심 방아 찧어라'를 가르치니 방아깨비가 우리들의 말을 알아듣는다며 신기해하고, 작은 웅덩이에 엿장수라 부르던 곤충을 바라보며 물위에서도 뛴다며 신기해한다. 잠자리를 잡다가 넘어져 팔꿈치며 무릎에서 피가 나도 신이 난 아이들인데, 어느 날 출입금지 팻말이 세워져 있다.

기초를 다지는가 싶더니 커다란 건물이 올라가고 있다. 놀이터를 잃은 아이들은 공터를 사달라고 떼를 쓰기 시작했다. 너희들이 열 살만 더 먹으면 전에 살던 곳처럼 땅 있는 집을 사주겠노라고, 강아지도 사주겠노라고 했는데 계획은 무산되었다.

시누와 시동생을 결혼시키고, 시어머니의 암 선고를 받으며 끝없는

지출이 시작되었고, 아이엠에프가 시작되었고 결정적으로 물건을 몽땅 털어가는 밤손님 사건까지, 우환이 몇 해를 이어가니 융자금도 힘들게 부어나갔다.

작년 추위에 화장실 물이 얼어서 수리공을 불렀는데 올 추위에 화장실물이 또 얼었다. 수증기를 품는 기계가 없으니 가스레인지를 켜 놓고 물을 끓이며 벽에도 수도꼭지에도 끓는 물을 부어가며 이틀 만에 녹이고, 외출하면서 약하게 틀어놓은 물은 다시 얼었다. 세탁기를 돌리려는데 어제 낮에 돌렸음에도 밤사이 얼어버려 요동이 없는데, 천정에서 주르륵 물이 쏟아진다. 팔아봐야 아파트 전세 값도 안 될 터이니 끌어안고 사는 수밖에 없는 집에 염증을 느끼며 푸념을 하다가, 젖을세라 책꽂이 책을 급히 빼다가 떨어뜨린 앨범이 펼쳐졌다.

한 장 두 장을 넘기며 추억으로 젖어들었다. 한 권 두 권 세 권……. 연인시절을 넘기니 결혼 후의 모습들이다. 아이들의 커가는 사진이 나의 시름을 잊게 하고 있다. 어느새 성인이 된 아이들이다.

20년이 되어가는구나 이집이, 오랜 세월 버티다 허해진 몸 하소연도 못하고 몸으로 울부짖는 너희들이었구나. 오랜 세월 가족을 지켜준 보금자리인데 너희들에게 짜증을 부리다니.

이제야 겨울바람 앞에서 그들을 감싸느라 빽빽이며 문풍지를 한 아름 사왔다. 열린 문틈으로 화장실에서 밤새 속삭이는 소리가 들려오는 듯싶다. '똑똑똑……. 훈기가 밀려오니 몸이 따뜻해졌어요. 주인님 내 몸을 데우느라 방에는 냉기가 돌겠지만 감사해요, 똑똑똑.' 오랜 세월 우리를 포근히 감싸준 그를 이제는 추운겨울이 오기 전에 내가 보듬어 주리라.

창문을 통해서도 거리를 걸어도 사방은 온통 건물들이다. 그 옛날처럼 공터는 찾아볼 수 없다. 그 많은 건물들 중에 작은, 아주 작은 것이라도 내 것은 없다 조만간 보내야하는 임대료를 기억하고 있을 뿐이다. 하지만 아이들의 추억 속에 자리한 공터는 잊히지 않았고 언젠가 꼭 약속을 지키리라는 신념으로 하루를 시작한다.

교환

금은방인 우리 가게에 어떤 부부가 손님으로 왔다. 부인은 안 사려고 하는데 남편은 부인에게 선물을 하고 싶어 했다. 몇 해 전에 선물을 하려고 상점에 갔었는데, 아이들이 먼저라며 극구 사양하기에 다음에 사주겠노라고 했던 것이 3년이나 흘렀다고 한다.

마음에 드는 것을 고르느라 긴 시간이 흘러도 남편은 짜증의 기색도 없이 "이것도 해봐, 저것도 해봐."하면서 신중하게 어울림의 소감을 이야기하며 부부가 서로 마음에 들어 하는 물건을 골랐다.

사양하던 부인 환하게 웃으며 남편의 사랑을 느끼는 듯 행복한 모습이 보기가 좋다. 3년 동안 별러오던 선물을 했다며 남편 역시도 만족스러워 한다. 그분들이 나간 뒤에 참으로 아름다운 부부라고 우리 부부는 그분들 이야기를 했다.

이틀이 지나가고 있었다. 여인들 세 사람과 남자 한 사람의 일행이 들어왔다. "그제 사간 이것이요."라며 물건을 들이밀었다. 그제 사간 물건이었다. 교환이 목적이긴 한데 여인 셋과 남자는 제각각 다른 물건을 추천하고 있다.

"아저씨와 같이 고르신 건데 그냥 하시지 그러세요?"

"아줌마들이 안 예쁘다고 해서요."

세 명의 여자와 한 남자의 말에, 여인은 세 개를 놓고 이것을 할까 저것을 할까 갈피를 잡지 못한다. 남편과 같이 고른 것을 여인들도 남자의 말도 이해가 되지 않는다. 자기의 기준에서 '이것을 하라'고 하니 그들은 남남이 아니던가? 내가볼 때는 어제 남편과 고른 것이 더욱 잘 어울리는데 말이다.

남편의 마음도 헤아리면서 내가 착용할 물건이니 나의 눈에 기준을 하라고 조언했다. 어제 남편하고의 시간은 물거품이 되었다. 선물을 주고받음에 행복해하던 시간을 그녀는 아무렇지도 않은 듯 잊은 것인지…….

지나는 길이라면서 그들 부부가 가게로 들어왔다. 반가움에 차를 권하니 부인은 어떤 것을 보면서 마음에 들어 하는데 웬일인지 며칠 전과는 다르게 남편은 거들떠도 안보면서 우리와 대화를 나눌 뿐이다. 그의 부인이 말을 한다.

"여보 이것 어때? 마음에 드는데……."

"알아서 하구 나보고 사달라고는 하지 마."

분위기가 썰렁해지기에 "마음에 안 드시나 봐요?"하며 의향을 여쭈었더니 남편의 말인즉 "모처럼 서로가 마음에 드는 것 골랐는데 싫다고 바꿨으면서 오늘 사주면 내일은 그들의 말대로 또 바꿀 텐데 왜? 나에게 물어, 앞으로는 당신에게 선물은 안 할 거야!"라고 하는 것이다.

얼마나 서운했으면, 며칠 전에 그리도 따뜻하고 자상하던 분이 저리도 '차갑게 대할까'를 생각하면서 안쓰러움의 시간만 흐를 뿐이었다. 그의 남편은 물건자체에도 화가 났지만 둘의 통했던 마음이 그 순간이 물거품이 된 것이 서운한 것 같다. 나보다 타인의 이목을 기준으로 삼는 부인 앞에서 자신의 입지를 어찌해야하는지 망설이는 것 같이 보인다.

가게를 하다 보니 선물을 사러오는 손님이 있고, 선물을 고를 때는 신중함으로 택하고 포장을 부탁한다. '아무것이나 주세요.'하며 사가는 사람은 본 일이 없다. 그런데 선물 받은 사람들이 마음에 들지 않는다며 교환을 하려는 사람들을 만나게 된다. 파는 입장에서는 상관없는 일이지만 신중히 택한 그 시간들을 받는 사람들 입장에서도 생각해볼 필요가 있지 않을까?

최선을 다해 고른 물건이 마음에 들지 않아 교환을 한다면 '그렇게 하라'고 말은 하겠지만 자신의 안목에 주눅이 들 테고 다음에 선물을 할 계기가 되었을 때는 그것처럼 큰 고민도 없을 테니 말이다. 무조건 수용하라는 전제를 두고 하는 말은 아니다. 상대방의 마음을 한번쯤은 숙고 한 뒤에 결정을 해도 늦지는 않는다는 생각이다. 선물을 상대방이 기쁘게 받아준다면, 서로에게 기다리는 것은 행복이란 이름의 보너스가 아닐까?

2부

미안해요, 그리고 고마워요

서리

여름방학이 무료하던 차에 동생과 둘이 공주에 있는 고모 댁을 방문하기로 했다. 어린 시절부터 고모님과 고모부님께서 우리를 어찌나 예뻐하시던지, 그곳에 가면 그냥 살고 싶었고 내 집에 오는 것이 당연한데도 서운함 가득했었다.

소에게 여물을 주시는 고모부를 따라서 외양간을 기웃거리면, 고모부는 냄새난다고 저쪽에 있으라고 하셨지만 김이 모락거리는 여물을 먹는 소가 신기해서 마냥 바라보고, 놀다가 다시 보면 어느새 되새김질을 하고 있었다. 음식솜씨가 좋은 고모님은, 촌이라 반찬이 이렇다며 내미시지만 고모부와 손수 뜯어 오신 산나물로 차려진 진수성찬이었고, 수북이 담아놓은 반찬접시가 비워지기도 전에 수북이 또 올려놓으셨다. 과일과 감자, 고구마 옥수수 등을 차려놓고 모깃불을 피운 뒤 평상위에 앉았다. 아버지와 고모의 젊은 시절 이야기를 하신다. 오빠가 어릴 때부터 어찌나 나를 챙겨주시는지 지금도 속상한 일이 있을 때면 더욱 생각이 나신다고.

당시의 시집살이는 당연한 것이었으나 고모는 무척이나 혹독한 삶을 사셨다고 한다. 일본에서 오신 아버지가 알게 되면서 고모부를 혼내시고 사돈댁에 선포를 하셨단다. 내 동생 데려 가겠노라고, 더 이상 이 댁의 며느리가 아니니 찾아오지 말라고. 고모부와 사돈들께서 오셔서 빌고 또 빌은 뒤, 시집살이의 설움은 잊고 사셨다고.

고모와 고모부께서 방으로 들어가시니 고종사촌인 친구는 그의 친구들을 불러왔다. 한 친구가 편 갈라 '서리'를 하러 가자는 제안을 했을 때, 우리에게 '서리'란 생소한 단어였다. "어떻게 하는 건데? 남의 것 훔치는 것은 나쁜 일 아니야?"라고 물었다. 그랬더니 '재미삼아 조금만 따오면 되고 시골동네에서는 흔히들 하는 장난질이라 다들 이해를 하신다'고 했다. 그래도 망설이니, "걱정 마, 이놈들이 작년겨울에는 우리 집 닭과 토끼서리를 해다가 끓여놓고 나를 불렀는데, 우리 것인지도 모르고 맛나게 먹고 아버지한테 되게 혼났는데, 그게 끝이야, 그것이 시골의 인심이야!"하는 것이다.

그렇게 해서 발소리를 죽여 가며 살금살금 일행들은 과수원으로 들어갔다. 달빛에 반사되어 반짝이는 것이 사과라는데, 달빛에 대해서 생각을 해본일도 없는 나는 '달빛? 달빛?'하며 궁금할 뿐이다. 내 눈에는 사과도, 반사되는 달빛도 보이지 않고 오금이 저릴 뿐인데, 옆의 아이는 사과를 따고 있다. 툭툭 꼭지 잘리는 소리가 얼마나 크던지 주인이 들을까봐 공포에 떨며 웅크리고 있을 뿐이다. 어둠 속에 불어오는 괴이한 바람소리는 어릴 적 라디오를 통해 듣던 전설의 고향 배경음을 떠올리게 한다. 사과나무 사이로 한번 씩 불어오는 바람이 온몸을 휘감으니 소름이 돋아도 '그만 가자'는 말도 못하고 후회막심이지만 되돌릴 수 없는 순간이다.

더욱 긴장이 된 채 두려움에 벌벌 떨다가 드디어 사과를 발견했다.

스스로가 대견하고 어찌나 좋던지 '서리'라는 현실을 잊은 채 큰소리로 말했다.

"우와, 이렇게 앉으니 사과가 반짝거려."

아직 한 개도 못 땄다는 동생을 향해 또 한 번 크게 말을 했다.

"웅크린 채로 고개를 갸우뚱하면서 바라보면 정말 달빛에 반사되는 것이 보여 나처럼 해봐."

동생의 소리에 "어떤 놈들이야?"라고 하면서 달려오는 주인이다. 혼비백산 도망을 치면서 앞사람을 따르다 보니 산속으로 도망쳐버린 일행들이다.

숨을 헐떡이면서도 키득거리던 우리 눈에 수박이 들어왔다. 방금까지도 과수원 주인에게 쫓겼는데 임자 없는 수박은 아닐 것이다. 하지만 심한 갈증에 수박 따 먹자고 조르기 시작하니 사촌은 못 먹는 것이라고 한다. 목이 마르다며 졸라대고 있으니 그의 친구가 수박을 따서 어딘가에 내리치더니 내밀었고 수박을 먹기 시작했다. 비릿함마저 도 특별한 맛으로 느껴지니 오아시스란 이런 것이구나 싶다. 이슬 맞아 시원한 수박을 널찍한 돌 위에 앉아 먹는 맛이란, 서울에서는 상상도 못했던 맛이라고 '이렇게 맛있는 수박 처음 먹는다'고 하니 그들은 웃으면서 서울에서 온 아이들을 신기한 듯 바라보고 있다.

다음 날 나는 사촌을 졸랐다. 오늘은 돈을 내고 수박을 사 먹고 많이 사오자고 했다. 어제 먹은 것까지 넉넉히 드리고 오자고 했다. 사촌을 조르고 졸라 도착해보니 봉분 위에 상돌 위에 익지도 않은 수박 껍질과 익어가느라 연분홍을 띄고 있는 수박의 속살이 볼 상 사납게 나뒹굴고 있다. 수확을 끝낸 뒤 남아있던 비릿한 수박덩이들은 참외보다 큰 것도 작은 것도 있었다. 밤에는 볼 수 없었던 산소에서 귀신이라도 나올 것 같아 빨리 가자고 서두르는데도 사촌은 그것들을 주섬주섬 줍더니 산소에 인사를 하고 있다.

서울에서 귀농을 하면서 첫 수확을 기다리던 그 댁은 훈훈한 시골 인심만을 생각하고 오셨을 것이며, 충청남도 공주는 물 맑고 공기 좋은 곳으로 양반들이 모여 사는 곳이니 의심의 여지조차도 없으셨을 것이며, 믿음으로 정착한 곳에서 당장의 사과를 잃음이 아닌 앞으로 살아 갈일을 한탄하신 밤을 보내셨을 것이라는 부모님 말씀은 혼이 날까 눈치만 보던 나를 숙연하게 하셨다.

고모 댁에서 사과 한 궤짝을 보내셨다. 아이들의 장난을 이해한다며 거부하셨지만 동네 분들은 미안해하시녀 사과 값을 드렸다는 소식과 함께. 단어조차도 생소했던 '서리'를 미화시키고 싶음은 아니나 처음이자 마지막인 그것은 내게는 잊을 수 없는 소중한 추억이 되어 희미한 얼굴들이지만 달빛을 앞 다투어 설명해주던 정겨운 풍경도 목소리도 가슴속에 담겨있다.

"이렇게 앉아서 눈동자를 굴려봐 유, 반짝이는 것이 사과여유."

계룡산등성이를 거닐던 달빛처럼 부드러웠던 사투리를 흉내 내어도 달빛반사를 가르쳐주느라 여념이 없던 친구들에게 고마웠던 마음을 이제야 피력한다.

추억과 교훈

우리 일행, 엄마와 여동생과 오빠의 절친한 친구는 버스를 세 번씩이나 갈아타면서 홍천에 도착했다. 훈련을 끝내고 자대배치를 받은 오빠의 면회를 신청해놓고 들뜬 마음으로 기다린다. 붐비는 휴게실로 계속해서 들어오는 사람들은 조바심 속에 이 날을 기다린 가족들이다. 사람들 틈으로 군인이 다가서면 오빠 같아서 벌떡 일어나기를 여러 차례 반복했다.

까맣게 그을린 군인이 경례를 한다. "신고합니다!" 눈빛과 치아가 더욱 하얗게 빛나는, 오빠였다. 이어서 또 한 사람의 군인이 경례를 한다. 사정상 면회를 올 가족이 없다며 동기생을 같이 면회 신청해달라는 오빠의 부탁이다. 아직 내무반에 남아있는 사람을 면회신청하고 음식을 먹고 있을 때 하사님이 오셨다. "어머님 걱정 마십시오. 잘 지내고 있습니다."라면서 부대구경을 시켜주겠다는 호의를 베풀었다. 나와 여동생은 그의 안내를 받으며 넓고 깨끗한 부대를 구경할 수 있었다. 저촉되지 않는 선에서 우리의 질문에 대답을 해주었고, 전혀 알지 못하는 군 생활에 대해서도 설명을 곁들이는, 그분은 다정다감

한 내 오빠 같은 분이셨다.

상경하는 버스가 부대의 담을 벗어날 때, 차창 밖은 더욱 쓸쓸하고 외로움이 가득 묻어났다. 걱정스러워 하시는 엄마를 오히려 다독이던 아들……, 오빠를 두고 오는 나의 마음도 허전하다.

면회신청을 해주었던 동기로부터 어느 날 한 통의 편지를 받았다. 검열을 피하기 위해 외출 나가는 동기에게 부탁을 했으니, 비밀로 해 달라는 부탁의 글귀가 첫줄에 쓰여 있다. 우리가 다녀간 뒤로 "하사님이 동생을 소개시켜 달라고 오빠를 설득하다 안 되니, 우리까지 괴롭히고 있다."며 그 하사에게 편지를 보내달라는 것이다. 나는 망설였다. 군대이다 보니 내 생각대로 '왜? 우리 오빠를 괴롭히느냐?'고 따질 수도 없는 일이다. 그날의 친절함을 바탕으로 위문편지를 쓰던 어릴 적을 떠올리며 석장의 편지를 썼다. 문제는 그 사람의 이름을 모른다는 것이다. 부대원들의 대화에서 '꽥꽥 이 하사'라는 말을 들은 기억이 났다. 주소 밑에 '꽥꽥이 하사님께'라고 써서 보냈다.

내무반에 있는 친구가 휴가를 나왔다면서 만남을 청했다. 오빠의 소식을 들을 수 있는 유일한 시간에 편지 이야기를 하는 것이었다. 그 하사는 '꽥꽥이'라는 자신의 별명을 정작 본인은 모르고 있었는데, 나의 실수로 인해 그날은 단체기합 받는 날이었다고 한다.

며칠 동안 잠을 잘 수가 없었다. 우리 오빠를 괴롭히는 하사를 생각하면서 나의 실수로 인해 많은 분들이 겪어야 했던 고초를 생각하며 고민을 했다. 열흘이 지났는데 그 하사한테서 답장이 없음을 빌미로 편지를 썼다.

미남이신 꽥꽥이 하사님께

세상에는 미인들이 참으로 많지만 미남들은 드문 것 같습니다.

오빠를 면회하던 그날은 오빠를 만난 기쁨도 컸지만, 미남이신 하사님의 안내를 받던 그 시간이 참으로 좋았습니다.

제가 오리를 무척이나 좋아한답니다. 귀엽고 예쁘고 소리는 딱 두 글자 꽥꽥이라는 것도 재밌고요.

그런데 미남이신 하사님의 별명이 그렇다고 하시니 어쩜 이런 우연도 있는 것일까? 그날 집에 와서 밤새 생각에 잠기게 되었습니다.

오빠와 부대원들에게 잘 해주신다는 말씀에 감사드립니다.

떨리는 마음에 망설이다가 겨우 용기를 내어 편지를 드렸는데, 답장이 없으시네요.

하지만, 그날 제가 느낀 하사님은 따뜻하시고 자상하신 아버지 같은 분이셨습니다. 부대원들에게 마음 쓰시느라 답장 주실 겨를도 없으신 하사님, 늘 행복하시길 기도하겠습니다. 오빠의 면회가 벌써부터 기다려집니다. 바쁘시겠지만, 그날도 함께 해 주신다면 영광이겠습니다.

–편지 내용 중 일부

꽥꽥이라는 별명을 한 번 더 확인시키며, 그것을 미화시키려는 얄궂은 나의 표현이다. 이미 알아버린 별명을 모르는 체 할 수는 없었던 당시로서는 '오죽 소리를 지르면 꽥꽥이라 불리느냐'고. '잘해줄 수 없느냐'고, 하고 싶은 말을 차마 쓰지는 못했지만 그것이 최선이라 생각했었다.

오빠가 휴가를 왔다.

"너 언제부터 그 하사님하고 친해졌어?"

"엉? 무슨 말이야…….

"편지를 받은 뒤부터 부대원들에게 잘해주던데……."

"대체 무슨 말을 쓴 거야?" 하면서 편지를 내밀었다.

"아니, 그냥 뭐 위문편지."

동생 분 보세요!

첫 편지를 읽고 화가 많이 치밀어 올랐습니다.

꽥꽥이라는 나의 별명이 어이없었는데 생각해보니 이해가 되는 단어였습니다.

그것을 계기로 나 개인의 시간을 되돌아보며, 반성하는 계기가 되었습니다.

부대원들에게 그 동안 미안했다고 차마 말은 못하고, 그날부터 자중하려 노력했습니다.

오빠께 물어보시면 아실 겁니다.

편지를 받고 답장이 늦었습니다. 동생 분께 미안한 마음과 감사의 마음을 보냅니다.

– 편지 내용 중 일부

감정을 삭이며 이성으로 자신의 시간을 돌아보는 여유로움을 간직하신, 소리치는 모습의 꽥꽥이 하사가 아닌, 인간미 넘치는 애칭으로 기억하고픈 '꽥꽥이 하사님.' 그리도 멋진 분이 내 오빠와, 같은 부대에서 생활하고 있음이 더 없이 기뻤다.

수십 년 흐른 빛바랜 추억이지만 간혹 떠오르는 글귀들은 나를 어우른다.

감정이 아닌 이성으로 자신의 시간을 돌아보는 사람이 되라고…….

작은 소동

작은 웅성거림이 일고 있었다. 무슨 일인지 궁금해 하지도 않고 있는데 벌레가 기어온다는 동생의 말이다. 벌레라니? 전철에서. 무심코 고개를 돌렸더니 큼지막한 송충이 한 마리 어슬렁대고 있다. 어찌나 빠르게 기어오는지 그 앞에 있던 아주머니도 또 그 옆도 나도 동생도 발을 들었다. 이어폰으로 음악을 듣고 있었는지, 내 옆에 있던 분은 동생이 툭 치며 알려주자 소스라치게 놀란다. 나는 벌레를 유난히 무서워한다. 아마도 막다른 길에 귀신하고 벌레가 있다면 귀신 쪽으로 갈 것이다. 그런데 저 송충이는 왜 내 쪽으로 오는지? 소름이 돋다가 급기야 일어나서 도망을 칠 기세였다.

옆에 있던 아주머니께서 주위를 둘러보시더니 앞 쪽에 앉아 있던 아가씨의 음료수 컵이 빈 것을 확인하시고 달라고 해서 뚜껑을 열고 계시다. "으으~~, 어떻게 잡으시려고?" 속으로 빈 컵과 송충이가 가까워지는 것을 보는 것만으로도 긴장이 되었는데, 좀 떨어진 곳에 흑인 부부가 있었다. 남자분이 일회용으로 나온 물 마시는 작은 봉투를 송충이 밑으로 들이밀며 잡아 컵 속에 넣고 아주머니는 뚜껑을 닫았다. '감사합니다'와 '땡큐'를 연발하면서 소동이 멈추니 웃음소리가 나오기 시작한다.

"아무튼 덩치로 봐도 그렇지 송충이 한 마리에 열사람 정도가 벌벌 떨다니." "왜요, 저는 두발을 들고도 모자라서 뛰어 갈판이었는데요." 그러자 옆에 계시던 아주머니는 "난 말예요, 벌레가 얼마나 무서운지 생각만 해도 소름이 끼치는 걸요."라고 하신다.

해프닝에 침묵을 지키던 전철 안은 마치 친목단체의 여행길 같다. 도봉산을 끼고 지나는 역사이다 보니 때론 나비도 잠자리도 들어올 때가 있다. 그들을 내보내주고 싶은데 쉽게 나가지 않고 바닥에 앉으면 행여 밟힐까 걱정이 되지만, 그들을 세심히 볼 수 있는 시간이기도 하다. 전철이 정차하면서 앞줄에 앉은 아가씨가 일어나더니 송충이가 담긴 컵을 챙겨서 들고 간다. 순식간의 일이라서 수고한다는 말도 못한 채, 나뿐만이 아니라 옆줄의 승객들도 앞줄의 승객들도 흑인부부도 저 만큼 가도록 뒷모습을 바라보고 있다. 아가씨의 행동이 예쁘다며 친목의 분위기 속에 칭찬이 이어져갔다.

한참이 지나고 내릴 역이다. 부부에게 목례를 하며 가벼운 웃음을 지으니 부부는 웃음으로 답례를 하고 있다. 순간의 행동이 더욱 고마웠던 것은, 부부는 멀리 떨어져 있었으므로 모른 체를 해도 그저 바라만 보아도 상관이 없었다는 것이다. 컵을 들고 나간 아가씨 역시도 그냥 내렸더라도, 남아있는 사람들은 관심을 두지 않았을 것이다.

집에 와서도 난 이야기를 했다. 그 아가씨의 예뻤던 행동과 솔선수

범하던 그분들의 모습으로 기분 좋은 외출이 되었다고. 그곳에 계시던 분들의 자리가 낯선 얼굴들로 바뀌면서 송충이이야기는 끝이 났지만, 그분들도 나처럼 기분 좋은 외출이었다고 댁에서 말씀하실 것 같다.

전철에서

전철에서부터 누가 따라오는 모습을 떨치지 못하고 잠시 생각에 젖는다. 긴 머리에 흰 머리카락이 적지 않은 그녀는 오십대 전후가 아닐까 싶은데, 얇디얇은 몸에 붙는 민소매 원피스에 망사로 만들어진 옷을 덧입었다. 짧은 것은 말할 것도 없는데 옷차림은 민망하리만치 몸의 굴곡을 있는 그대로 보여주고 있다. 저 끝 쪽에서부터 헤죽헤죽 웃으며 좌석에 앉아 있는 사람들을 쳐다보며 한 바퀴씩 돌기도 하는 그녀가 정신장애가 있나 보다 생각하는데, 가슴 앞에 모은 두 손에 드리워진 작은 통에 무언가가 적혀있다.

'아이가 먹을 쌀이 없어요! 도와주세요.' 저 여인은 지금 동냥을 하는 것이다. 구걸을 위한 신종 수법인가? 설마……. 여자의 모습을 유심히 보게 되었는데 배가 불룩하다. 동냥을 안주려면 쪽박이나 깨지 말라는 말이 있지만 이이가 없다. 태아를 이용한 동냥도 그렇거니와 구걸로 아이를 낳으면 그 아이의 앞날은 어떻게 될까하는 오지랖으로 흐릿한 차창 밖을 응시하지만 어떤 사연일까? 궁금하기도 하고 한심하기도 하고 생각과는 무관하게 전철 밖의 배경은 빠르게 바뀌어가고 있다.

많은 사람들이 이용하는 전철은 교통수단으로 이용하는 사람도 많지만 다른 목적으로 이용하는 사람도 많다. 예수를 믿어야 천국에 간다고 떠드는 사람, 물건을 파는 사람, 겸손한 자세로 구걸을 하는 사람, 종이에 구구절절 사연을 적어 무릎 위에 휙휙 던지는 듯 놓는 사람, 흉한 다리 한 쪽을 내놓아 공포감 조성하듯 하여 손을 내미는 사람, 껌 통을 들고 알아들을 수 없는 노래를 하며 툭툭치는 사람 등……. 때론 잠시 눈을 붙이고 싶을 때도 있고 조용히 책이라도 몇 줄 읽고 싶을 때도 있고 동행이 있을 땐 대화를 해야 할 때도 있는데, 이도 저도 그들 앞에서는 속수무책이다. 전철 이용 중에 불편한 사항은 문자를 달라는 방송을 하고 있다. 방송 전에 대책을 세우면 가능한 것을 앉아서 제보를 기다린다는, 저 소리는 불쾌감을 증폭시키고 있다.

그래도 지하철은 마음씨 좋은 사람들이 주로 이용하는가 보다. 상대적이지 않는가? 돈을 주는 사람이 없다면 갖가지 사연으로 구걸을 하는 사람은 없을 테니 말이다. 서울 한복판에서, 외국인들도 많이 이용하는 전철인데 어떤 때는 그들에게 우리나라는 이렇게 불쌍한 사람, 가난한 사람이 많은 나라라고 가르쳐주는 것 같아 씁쓸하고 부끄럽기도 하다.

나는 온몸을 드러내놓은 저 옷차림으로 헤죽거리며 둘러봄에, 어쩌면 천 원 한 장 적선하려다가 찐득찐득 달라붙을 것만 같은 생각에 여인이 가까이 오면 외면한다. 간혹, 지갑을 여는 분은 아주머니들이다. 다른 칸으로 옮겨가는 그의 뒷모습을 힐끔힐끔 보는 시선들에 굳이 의미를 두고 싶지도 않아 고개를 돌렸다.

종착역이라 많은 사람들이 에스컬레이터 앞에 구불구불 늘어서 있다. 한참을 기다려 첫발을 막 올렸는데, 앞 칸에서도 뒤 칸에서도 같은 행동을 했을 임산부가 에스컬레이터 저 아래 있다. 얼마나 힘들까? 얼마나 배가 고플까? 얼마 전 생각은 떨쳐내고 여자라는 공통점에 역사에 있는 분식집에서 어묵이라도 사주자는 생각이 들어 계속 주시하는데, 민첩한 몸놀림으로 인파에 묻히더니 바람처럼 사라졌다. 만삭의 배를 안고 저렇게 빨리 움직인다는 것이 이해되지 않지만 다행이라는 생각을 해본다.

정거장에서 두리번거리며 버스를 보내고 있다. 환승시간이 지날 것 같아 그만 미련을 접으면서도 시선은 차창 밖을 훑는다. 서민들의 애환을 손가락으로 꼽을 수 있는 현실은 아니지만, 임산부는 아니었기를.

형형색색의 촛불 앞에서

엄마의 첫제사가 다가옴이 믿기지 않으나 머릿속과 달력에 그어놓은 밑줄을 보며 순응해야하는, 유수와 같은 세월이다. 인연의 시간을 따져보면 고작 1년의 헤어짐을 감히 아팠다고 말 할 수 없겠으나, 이제 그만 보내드리려는 이기적인 자신이다. 시간이 얼마 남지 않았으니 마음의 준비를 하라는 의사선생님의 준엄한 말씀이 있었다. 갑작스러운 현실의 슬픔을 안고 장지를 마련하면서 최종적으로 모셔야 하는 수순을 밟기 시작했다.

거리가 멀다보니 동생과 수시로 내려가는 동안 집안 살림은 뒷전으로 밀려났고 보호자대기실의 일기는 늘 흐려 있을 뿐이다. 걸려오는 전화를 받으며 위로하는 분들에게 고맙다며 엷은 미소를 짓다가도 중환자보호자 대기실임을 상기해야하는 힘든 시간이다. 보름이지나 중환자실에서 일반실로 올라오신 엄마는 무슨 일이 있었냐는 듯, 집안일은 어쩌고 이곳에 있느냐며 털고 일어나셨으니 세상을 얻은들 그보다 더 고맙고 기쁜 일이 있을까.

엄마가 보고 싶다고, 때론 엄마가 보고 싶어 하신다고 옆집 드나들

듯 동생과 다섯 시간이 넘는 그곳을 사나흘씩 머물다 오고는 했다.

휴가 때는 온 가족이 엄마를 모시고, 독일마을이며 여수로 여행을 가기도 하고 다슬기를 잡고 낚시를 하면서 즐거움 가득했지 한번이라도 편찮으신 적이 없었는데 3년이 지난 어느 날, 또다시 위독하시다는 의사의 최후선고를 뒤집으며 회복의 기미를 보이실 때 담당의의 놀라움이 얼마나 반가웠던가! 그만 울안에서 나오려니 엄마가 외로워하실 것 같고, 우울증환자처럼 일상을 맥없이 보내자니 내려다보시는 엄마가 슬퍼할 것 같다.

중환자실에서 미지근한 물을 드리라는데 엄마는 찬물을 드시고 싶어 했고, 금식을 일주일째 하고 있으니 밥을 드시고 싶어 했고, 집에 가서 호박죽이 드시고 싶다고 할 때 얼마 후쯤 그 소원이 이루어질 것이라 생각했었는데, 끝내 드시지 못하고 입원실로 올라가서 검사한다고 피를 내어주고 잠이 드신 엄마다.

엄마의 장례미사를 성당에 부탁하면 어떻겠냐는 언니와 형부의 의견이 내키지 않았으나 엄마의 종교를 받아들이자는 뜻에서 동의를 했다. '의정부 교구 덕계동 성당'에서 오신 연령회원님들이 가실 무렵 신부님께서 오셔서 영전에 예를 갖추시는 모습을 보았다. 서슴지 않고 절을 올리는 신부님을 뵈면서 예사롭지 않다는 생각이 머릿속을 떠나지 않는다. 영전을 찾아주신 신부님도 놀라운데 절까지 하심은 나로서는 상상도 못해 본 터이다.

상주들의 손을 잡으시며 위로를 건네실 때 "신부님 제 손도 잡아주세요"하며 손을 내밀었었는데 신부님께서는 손을 잡아주시며 분명 말씀을 하셨는데 기억이 나지 않는다. 와중에도 내심은 저 신부님께 엄마의 가시는 길을 맡겨도 될까하는 꼼꼼한 성격이 작용을 한 것이

었다. 비록 순간이지만 신부님의 모든 것을 평가(?)한다면 모순이겠으나 신분을 접고 문상객으로서 예를 갖추는 하나만으로도, '아! 이분이라면 엄마의 마지막에 최선을 다해주실 분이다.'라는 느낌을 받던 순간 막연한 안도의 숨이 흘렀다. 미사를 드리던 시간 내내 신부님은 많은 말씀을 하셨는데 내가 기억하는 것은 단 하나, "기도합시다."란 한 마디뿐이었다.

숨 쉬는 것조차도 느낄 수 없는 무감각으로, 그저 자신을 패대기치고 싶고 현실을 부정 하고픈 마음뿐인데, 대접을 받으며 엄마가 들어오신다. 다른 세상으로 가시기전 고운 옷을 입으시고 우리를 키우기 힘드셨던 엄마는 모처럼 화장을 하셨다. 약간 불그레하게 볼터치도 해드린 얼굴은 잠든 엄마의 예쁜 모습이지 결코 떠나가는 서러운 얼굴이 아니다.

마지막인사를 해야만 했는데, 복받치는 설움에 말을 이어가지도 못하고 난 인정할 수 없으니 일어나서 대답 좀 하시라고 횡설수설했다. '기도를 드려야 영혼이 외롭지 않다'는 언니의 말에 엄마와 먼저가신 아버지의 기쁜 해후를 위해 성모님께 간절한 기도를 드리다가, 그런데 성모님은 절 아시나요? 라며 어이없는 질문을 했다. 그것은 대답을 기다림이 아닌 성모님께 기도를 각인시키고 싶은 조아림이었다. 생시에 만남도 없던 고인의 마지막 길에 배웅을 하시는 신부님과 형제, 자매님들께 고마운 마음은 절이라도 올리고 싶었던 마음을 뒤로하며 그곳을 나왔다.

은혜를 갚을 생각으로 주일이면 미사에 참석을 했다. 성모님 우리 엄마와 아버지 꼭 품고 와주십사 하는 간절한 바람으로 기도를 올리고나면, 뵐 수는 없지만 엄마와 아버지께서 우리를 내려다보고 계시는 것 같은 느낌이 들어, 성당의 천정을 바라보며 어설픈 미소를 보내기도 했다.

교리를 받은 지 6개월, 직장을 다니며 살림을 하려면 쪼개어도 시간이 늘 부족할 텐데 오늘도 변함없이 다과와 차를 내밀며 미소를 보내는 봉사자 김영순 아우레나님의 삶의 모습과, 서너 개의 분필이 부러지는 순간에도 동요됨 없이 이어지는 신부님의 열정적으로 강의하시는 모습을 보며, 삶에 대한 열정이 새롭게 피어오름이 느껴진다.

생전에 강요는 없었지만 내심 성모님의 품에 살기를 원하셨음일까? 장례미사가 연이 되어 우리가족과 친구를 포함한 일행이 요즘 세례명을 찾느라 성인 성녀들의 이름을 거론하며 엄마를 떠올린다. 장례미사로 인한 인연은 이렇듯, 우리를 바꾸어놓고 있었다.

'이젠 웃으며 살아갈 테니, 엄마도 아버지도 저희들 가슴속에서 더불어 웃으시라.'고 전해주세요. 형형색색의 촛불 앞에서, 미소 짓는 성모님께 매달린다.

생시에 대면도 없었는데 가족이라는 이름으로 장례미사를 수락해주신, 덕계동 성당 강진구 야고보신부님과 연령회원님들 형제, 자매님들께 감사의 인사 올립니다. 바쁘신 중에도 늘 챙겨주신 김영순 아우레나님께 감사드립니다. 영전을 찾아주시고 애도해주신 모든 임들의 고마운 마음 잊지 않겠습니다. 감사합니다.

초복

길 옆 삼계탕집 앞에 커다란 지붕을 만드니 아래로 테이블 여러 개 앉았다. 빙 둘러 앉은 사람들 맛있는 시간을 갖고 있다. 조류독감 여파로 인해 늘 한산하기에 적자에 시달리며, 가게를 접느냐 마느냐 하는 고민 중에 있던 삼계탕 전문점이다. 이제는 조류독감쯤이야 끓이면 되는 것을 모르는 사람은 없기에 통닭집도 오리집도 삼계탕 집을 찾는데 부담이 없다.

처음 조류인플루엔자가 보도 되었을 때, 많은 사람들은 마트에서도 닭이나 오리가 있는 곳은 가까이 가려 하지 않았다. 그러다보니 매장에서 한동안은 판매를 하지 않은 곳도 있었다. 매스컴의 잘못이 크다고 생각한다. 업체들의 반발이 생기면서 영업을 접는 많은 사람들로 인해 흉흉해지자 점차 누그러지는 뉴스였었지만 많은 사람들이 타격을 입은 후 이었다. 마치 경합이라도 하듯 하나씩 하나씩 문을 닫는 가게들이 속출했고, 불어나는 빚 감당에 할퀴어가는 마음을 쓰다듬으면서도 놓을 수 없었음은 직업을 바꾸기란 그렇게도 힘든 것이기 때문이다. 나 하나 먹고 사는 직업이 아닌 이 장사에 식구들의 삶이 달려

있는데, 그동안 해 온 것을 바꾼다는 것은 새로운 모험이다. 모험을 할 나이도 입장도 아니기에 그래도 아침에는 작은 희망 안고 셔터를 올린다. 맨 식탁을 닦고 또 닦으며 늦은 저녁 한숨으로 셔터를 내린다. 포장마차라도 찾아 시름을 달래고픈 마음 애써 누르며 집으로 들어서니 마누라와 아이들이 쳐다본다. 등록금도 내야하고 공과금도 내야하고 쌀도 사야하는데……. 주머니에 고작 만 원짜리 한 장 남아있다.

늘 썰렁하던 삼계탕집이 안으로 밖으로 손님들이 줄을 서고 있다. 문 앞에 앉아 하늘과 행인들을 바라보던 것이 일상 같기만 하던, 주인집 아저씨가 오늘은 앉아 있을 틈이 없이 연실 웃음 지으며 삼계탕을 나르고 있다. 새로운 풍경이랄까. 늘 같은 거리인데도 벅적거림이 좋았고 덩달아 내 발걸음도 느려졌다. 닭다리를 뜯고 뜨거운 국물을 시원해하며 들이켜고 밤이며 대추 인삼을 술안주로 하는 사람들은, 행인을 의식하지 않고 녹각이 담긴 마지막 한모금의 국물까지 마시어 뚝배기의 바닥이 나오니 배를 어루만지며 '아이고 잘 먹었다'고 여름철 보양식은 그저 삼계탕이 제일이란다. 나는 점심을 먹고 막 나오는 길인데도 그들에게 시선을 쏟다보니 어린 시절 동네 모습을 보는듯하다.

결혼을 시키거나 동네 어른들 환갑이거나 또는 애경사가 있는 날이면 우리 동네는 천막을 쳤었다. 광목 같은 색도 있었고 군에서 쓰는 카키색도 있었다. 그때는 동네 청년들 모두 동원되어 여러 개의 천막을 옮겨야 하고 자리 잡아 펼치려니 사흘 전부터 바빴다. 하루 전날은 천막을 쳐놨으므로 신바람이 난 아이들의 입소문에 통장님 댁에서 방송을 하시기 전에 동네에 행사가 있다는 것을 알았었다.

엄마들은 그곳에서 일을 하신다. 미리 만든 밑반찬을 챙겨놓고 국수를 삶고 지단을 부쳐서 고명을 만들고, 여러 명이 한 조가 되어 어느 팀은 설거지를 어느 팀은 대접을 어느 팀은 만드는 것을 하신다. 늦은 밤이 되어서야 돌아오신 엄마는 그날 밤 심하게 코를 곯으셨고 우리는 그것을 재미있어하며 낄낄거릴 때, 아버지는 엄마의 팔과 다리를 조심조심 주무르셨다. 그때 먹던 국수는 손맛도 어울림의 맛도 정겨움의 맛도 축하의 맛도 모두 섞여 있는 세상에 하나뿐인 맛이었다.

지금 나는 저 삼계탕집의 천막에서 숨은그림찾기를 한다. 저 쪽에 앉은 사람은 아랫마을 ㅇㅇ씨 아저씨를 닮으셨고 같이 있는 아들은 선배 ㅎㅎ를 닮았고 그 옆에 아주머니 사돈댁이신 그분을 닮으셨다. 그분들 옆으로 혼자 들어가 닭을 조각내며 후룩대려니 용기도 없지만 배가 고픈 것도 아닌데 고이는 침을 삼키며 아닌 척 아무렇지도 않은 척 미소 머금고 그 곳을 지나쳐 우리 가게로 왔다.

시외버스터미널 건물인데 일반 버스 정류장으로 합치게 되었으므로, 사실상 폐쇄된 터미널로 사용목적이 없어진 대합실에 커다란 테이블을 놓았다. 상가 사람들의 식탁으로 사용하며 때론 분식집의 반찬을 하기 위한, 무를 썬다거나 햄을 썰고 일인분씩 분류하는 싱크대 역할을 한다. 옥수수, 호떡, 떡볶이, 수박, 아이스크림……, 등 메뉴도 다양하여 여럿이 모여 먹는 그 곳에는 시키지 않아도 누군가가 한 아름을 안고 와서 풀어놓는, 인심의 테이블이 되었고 많은 대화를 나누기에 사랑방의 느낌이 감돈다.

그곳에 '김밥나라'에서 반찬을 차려놓고 있는데, 어느 가게에서 점심을 시킨 모양이라고 생각했다. 약병아리가 뚝배기에 앉아 있고 오

이지와 김치 양파 삶은 부추가 놓여있다. 초복이라 그런지 오늘은 삼계탕이 계속 보인다. 털 뽑힌 알몸에 송골송골 맺힌 방울이 또르르 굴러도 마치 사우나에서 흘리는 땀방울을 보는 듯 무심한데, '김밥나라' 사모님께서 오셨다.

오늘 상가에 계신 모든 분들을 위해서 준비했으니 나와서 드시라며, 휴대폰 대리점인 터미널휴대폰, 남성 전문 미용실인 터프가위, 여성복 전문매장인 진나라를 비롯하여 치과, 한의원, 슈퍼 등 상가의 여러 가게들의 문을 열고 닫으신다. 해마다 복날은 닭고기를 준비하시고 동짓날은 팥죽을 쑤어 대접하시니 감사한 마음으로 모두 모여 삼계탕을 드신다.

어릴 때 그 천막에서 먹었던 음식하고는 종류도 장소도 손맛도 다른데 마치 그 맛인 듯 느껴져 포화상태인 배는 뒷전이고 입은 신이 났다. 정성까지 담아주셨기에 더욱 무거워진 뚝배기는 두 손에 들리어져 서서히 비워지는데, 김밥나라 사장님께서 "모자라시면 말씀하세요, 많이 했습니다."라 하신다. 넉넉한 인심에 모든 분들 손사래를 치시는데…….

"사모님 우리 터미널건물에 대한 이야기 좀 쓰세요."

"네?"

휴대폰가게 사장님의 말씀이다.

"여러 가게로 형성되어 있는 이 건물의 재밌는 이야기 말예요."

쑥스러움에 "네~, 터미널상가의 역사요, 그것 재밌겠는데요."하며 웃었다.

취미로 글을 쓸 뿐인데 글쟁이처럼 보아주심이 감사하다. 뚝배기의 열기가 식어도 대화가 끊이지 않는 인심의 테이블에 둘러앉은 가족 아닌 가족들 앞에, 낑낑거리며 커다란 수박을 사다가 쪼개어 놓았다. 수박의 속살처럼 시원하고 달콤하고 부드러운 웃음이 이어지고 있다. 훈훈한 시간이, 초복인 오늘이 그렇게 흐르고 있다. 이웃의 고마운 마음이 나를 적시며 가슴속에서 흐르고 있다.

고마우신 선생님

'앞을 못 보는 사람이 제일 불쌍한 것 같다'던 아이가 이젠 사물을 보고 글을 읽는다. 아파도 아프다는 말을 못하고 참아야했던, 실명의 불안을 안고 퇴원을 해야 했을 때 아이에게 세상은 차가운 것이 아니라 절망의 도가니였을 것이다. 돈! 돌고 돈다는 돈이 있고, 없고의 차이가 아닌 많고 적음에 따라 결정되는 신분이다.

얼마 전까지만 해도 그 아이 아버지의 호칭은 사장님이었다. 혹독한 불경기를 몰고 온 IMF를 겪으며 개인 사업가는 하나 둘씩 문을 닫을 때, 그의 아버지도 더 이상 버티지 못하고 사업을 접었다. 영세민의 이름으로 근근이 살아가며 턱없이 부족한 생활비를 벌기위해 낮이면 청소부 모씨가 되고 저녁이면 대리기사를 하고 있지만 반듯하면서 우등생인 아이를 생각하면 힘이 솟는다고 자랑을 했던 터이다.

어느 날 '갑자기 앞이 보이지 않는다'는 아이를 데리고 그 흔한 자가용도 처분한 터이기에 버스를 갈아타며 대학병원에 도착했다고 한다. 아침 10시에 응급실에 누웠으나 밀린 환자로 인해 저녁 9시가 되어 검진을 시작했다. 원인을 찾느라 골수를 뺏기에 일어나거나 움직이면 골수가 쏟아지므로 일곱 시간을 베개도 없이 반듯한 자세로 있어야 한다는 것이다. 하루가 지나 나온 병명은 수두인데 눈으로 왔고 시력을 장담할 수 없다는 주치의 선생님의 말씀이다. 눈은 통통 부어 인위적으로 들춰도 들리지 않을 정도로 부어있고, 얼굴엔 물집이 솟고 있으니 가려워서 극심한 고통을 견뎌야 하는 상황이다. 육체의 고통과 암흑의 두려움 속에 아이는 긴 시간을 보내야했는데, 입원비를 감당할 수 없어 퇴원을 한다고 한다.

주위에서 모금을 시작하면서 기다리라고 하니 갚을 능력도 없으면서 폐를 끼칠 수 없다며 고집하는 부모님마음이 오죽할까? 실명을 거론하는 상태에서 누구의 이야기도 거부하고 있을 때, 담임선생님이 오셨는데 그의 부모는 선생님의 말씀까지도 거부했다. 선생님은 출근 전도 퇴근 후도 병실을 찾으시며 때론 밤을 지새우시며 사비를 내놓으셨다. 이제 고등학교 1학년으로 지금도 시력을 장담할 수 없는데 치료를 포기하는 일은 있을 수 없는 일이라고, 아이의 인생이 달린 일인데 평생 후회로 남을 일을 해서는 안 된다고 울면서 사정을 하셨다. 주치의 선생님께 퇴원만은 막아달라고 간곡히 부탁을 드리고 학교에서 교회에서 모금운동을 시작하셨다.

감동을 하며 부모는 마음을 바꾸었고 입원은 유지되었다. 이틀이지나 손전등 불빛이 희미하게 보인다는 아이의 말에 다 나을 때까지 돈 걱정 하지 말고 치료 받으라고 당부 또 당부를 하시며, 세심히게 배려를 하시는 총각선생님이셨다. 그분도 그리 넉넉하지 않은 생활을 하시는 것을 알게 되면서 입원실은 선생님이 화제였다고 한다. 생기가 돌며 웃음 짓는 얼굴은 선생님의 사랑이 꽃이 되어 피어오르는 것이리라.

아이들의 미래를 위해 열정을 쏟으신 분이 계셨는데 자신의 몸은 뒷전으로 밀어놓으시더니 중병을 얻으셨다고 한다. 남편이 잠을 잘 때면 부인은 숨을 쉬고 있는지 확인하느라 코끝에 손을 대어보았다고 하신다.

정년퇴임을 하신 '손진홍 교장선생님'의 수필집 『꽃, 좋아할 틈이 없었어』를 읽으며 알게 된 내용이다. 책을 읽으며 눈물이 흐르고 어느 대목에서는 안쓰러움을 느끼기도 했다. 본인도 물론이거니와 부모님과 사모님의 마음은 오죽이나 아프고 불안하셨을까? 잠시 책을 덮고 생각에 잠기기도 했다. 제자를 위한, 사랑도 정열도 희생도 멋진 아름다움이고 고마움이며 뭉클한 감동이다.

문제는 와중에도 열정을 다해 제자 사랑만을 고집하셨다는 것이다. 고마움보다 안쓰러움보다 순간은 화가 나기도 했다. 제자들에게 더 한 사랑을 주시려면 당신의 건강을 챙기셔야 하는 것 아니냐고 따지고도 싶었다.

초등학교 4학년시절 '최월매 선생님'께서 글짓기 숙제를 내주셨다. 시를 써오라고 하셨는데 아무리 생각해도 어려운 것이었다. 선생님의 설명을 토대로 짐작은 할 수 있으나 밤새 고민을 해도 쓸 수가 없었다. 시를 쓴다는 것보다는 숙제를 해야 하는 의무감이었다. 다음날 고개를 푹 숙이고 제출을 했는데 잠시 후 선생님께서 칭찬을 하신다. 글이 아니라 자신 없어 하는 나의모습을 보셨으리라 커서 생각을 하게 되었지만 당시의 칭찬으로 나의 장래 희망 란에 오랜 동안을 시인이라고 적었다. 세월이 흐르며 사랑을 그려나가는 멋진 시인이 되고 싶어졌다.

시로 등단을 하진 않았으나 지금도 시집을 접할 때면 설렘 속에 머물며 제자를 사랑하는 마음으로 배려하며 표현해주신 깊으신 뜻이 참으로 감사하다. 마음으로 보듬으며 개개인의 삶을 지향시키는 선생님, 불가능이란 찾아볼 수 없는 숭고함 뒤에는 얼마나 큰 고통이 잔재해있는지 알지 못했고, 세월을 살아오며 기억되는 선생님들을 '고마움이 아닌 당연함으로 기억하고 있었는지'도 모른다. 교단에서 넉넉하니 마음을 열고 사랑을 심어주시는, 존경스러운 선생님들이 계시기에 아이들의 미래가 밝아지고, 그로인해 아름다운 세상이 만들어지는 은혜를 기려본다.

사색을 허락하는 가을하늘에 동안 잊었던 선생님들의 모습을 떠올릴 때마다 빙그레 웃고 있는 자신을 느끼고 있음은, 나의 얼굴에도 고마우신 선생님들의 사랑이 피어오르고 있는 것이 아닐까. 이병을 달고 있는 그 아이에게서 전화가 왔다. '선생님의 은혜로 오늘의 내가 있음에 감사드린다'고, '지금은 수업시간이니 기다려서 안부전화 드릴 것'이라고.

미안해요, 그리고 고마워요

'폭염주의보가 내려졌으니 노약자는 외출을 자제하라'는 국민안전처의 문자가 연일오고 있다. 행인들은 가로수보다 시들하고 강렬한 태양은 그들의 고개를 누르고 있다. 외국인 한 사람이 점포로 들어왔다. 당연히 무언가를 사려는 손님으로 생각했는데, 버스가 오려면 시간이 많이 남았다면서 너무 더워서 들어왔다고 하기에 시원한 음료를 건네며 앉아서 기다리라고 했다. 그가 기다리는 버스는 대략 30분의 배차시간이기에 한 대를 놓치면 그 만큼의 시간을 소요해야 한다.

목적지인 가산을 경유하는 버스회사는 노선을 독점하고 있다. 30분의 배차시간을 꼭 지키는 것이 아니라 때론 훨씬 지난시간에 오기도 하고 때론 좀 빠르게 오기도 한다. 약간의 시간차라면 당연히 이해를 하겠으나 불규칙적인 버스의 시간대로 주민들이 겪는 불편도 이만저만이 아니다.

정류장에 사람들이 있어도, 내릴 손님이 없을 때면 미리 손을 들어 표시가 없었다는 이유로 그냥 지나치기도 하고, 출발 전 문이 닫히면 바퀴가 구르기 전이라도 문을 두드려도 열어주지 않는 기사도 간혹

본다. 긴 시간을 기다리다 잠깐 한눈파는 사이에 차를 놓치다 보니 주민들의 불만은 민원창구에 전화를 하기도 하지만, 개선되지 않고 있다.

바람은 없고 폭염이 난무하는 요즘이나 많은 비가 내리는 장마철이나 추운겨울에는 정류장에 있는 것은 결코 쉬운 일이 아니다. 점포가 정류장 앞에 있으므로 가끔은 정류장에 있는 사람들을 불러 쉼터로 가게를 개방하니 그는 부탁을 하지만 내게는 일상일 뿐이다.

스리랑카에서 왔다는 사십 대 후반인 그 사람은 부모 없이 누나와 둘이 자랐다고 한다. 돈이 없어서 결혼을 못했고 근로자로 한국에 온 지는 7년이 되었다고 한다. 마음이 짠하면서 측은해 해보이기까지 했다. 휴대폰이 울리면서 통화를 하더니 볼펜을 빌려달라고 하면서 꼬깃꼬깃한 종잇조각을 펼치기에 메모지를 건네주었다. 한 장 뜯고 내미는 메모지 한 권을 다 갖으라고 주었더니 고맙다며 받는다.

누나와의 상봉을 생각하며 타국에서의 불편과 설움을 참아낸다고 토로하고 그는 갔다. 배는 고픈데 일요일은 음식점이 문을 닫는다. 컵라면 생각을 하다가 그냥 굶자는 생각으로 앉아있는데 외국인이 다시 들어왔다. 버스를 못 탔느냐는 나의 말에 대답대신 샌드위치와 비타민 음료수를 내밀고 있다. 사양했더니 두 개씩 사왔다면서 이곳에서 먹어도 되느냐고 묻기에 웃으며 냅킨을 건넸다. 그가 나가고 샌드위치 냄새가 코를 자극하더니 입에 침이 고인다. 내가 좋아하는 샌드위치를 마치 알고 사온 것 같은 느낌에 먹을 수가 없다. 매스컴을 통해 영악해진 자신이었는지도 모른다.

세상이 험난한지라 의심을 해야 하는 현실의 슬픔까지 생각하며 커피 한 잔 마시고 시간이 흘렀을 때 외출했던 남편이 들어왔다. 샌드위치를 내미니 그리도 좋아하면서 같이 먹자고 하는데 "둘 중 한 사람만 먹어야해, 사람을 봐서는 이상한 것은 아닐 테지만." 끝없는 의심을 하고 있는 자신이다.

얼마 전 주변 상가에서 선심으로 생각하고 음식을 받아먹은 뒤, 탈이 났었던 일이 있었고 음료수를 이용한 사고들도 빈번히 일어나고 있는 요즘이다. 상대방의 호의를 호의로 받아들이기에는 불안함이 잔재한다. 이제는 넉넉한 인심으로 훈훈했던 날들은 옛날이야기에서나 들어야 하는지도 모른다. 나는 끝내 그것을 먹지는 못했지만 선한 행동을 의심했던 시간은 미안함으로 남는다.

그가 나의 생일을 알고 준비한 것은 아니지만 뜻밖의 선물이었다. 내게 정작 필요한 것을 건네준 사람에게 말을 할 수는 없지만, "미안해요 그리고 고마워요, 돈 많이 벌어서 가능한 빨리 누나를 만나고 행복하기를 바랄게요."라고 속으로 빌어주었다.

언제부터 타인을 의심하며 살고 있었는지 기억에도 없는데, 그럴 수밖에 없는 현실이 오늘따라 무척이나 슬픈, 내년에도 기억되지 싶은 생일날이다.

또렷이 찍힌 글씨

아침에 일어나 간단한 스트레칭을 하면서 팔이며 허리를 두드렸다. 아직 풀리지 않은 몸이 매질을 당하는 것에 대한 저항을 하는지 뭔가 석연치 않았지만, 아침 준비에 들어가기 전, 통통하면서 예뻐 보이는 손을 주무른다. 얼마 전부터 손이 붓기 시작했다. 저녁이면 손을 주무르고 아침에 눈을 뜨면 손을 주무른다. 붓기가 있는 손은 감각이 무디다. 스트레칭 뒤에 주무르는 것을 깜빡하고 찬기를 들다가 떨어뜨릴 뻔한, 순간의 당황에 식은땀이 흘렀었다.

오랜만에 만난 지인의 얼굴이 까칠하다고 했더니 요즘 바빠서 피곤하다고 한다. 사흘이지나 다시 만났을 때는, 입술도 검어진듯하고 안색에 혈기가 없어 보이기에 물었더니 아파서 병원을 다닌다는 것이다. 다시 시일이 지나고 안부가 궁금해 전화했는데 다음날 통화가 되면서 찻잔을 마주했다. 신장이 안 좋아 투석을 받는다며 물도 시원히 먹지 못하고 있다. 늘 건강미가 흐르고 열심히 사는 여인인데 뜻밖이다. 손이 부을 때만해도 피곤해서 늦은 저녁에 음식을 먹어서라고, 생각했었다며 의사의 권유로 검진을 했었다고 한다.

정류장 앞에서 장사를 하다 보니 투석을 전문으로 하는 병원의 차가 자주 보인다. 전화하면 태워가고 태워다준다는 문구도 보인다. 내리는 사람들이 보통 두세 명인데 버스에 있는 사람도 여럿이다. 신장이 안 좋은 사람들이 그렇게 많은 것일까? 도심지도 아니고 제한된 시골동네이기에 더욱 놀랍다.

주먹을 쥐고 허리 위쪽을 두드리니 아픔의 파장이 퍼지고 있는 것 같다. 병원에 가봐야 알겠지만 보나마나 안 좋은 결과일 것 같다. 곧 제사가 있고 생신이 있고 다시 제사가 돌아온다. 여러모로 분주한 시간들을 고심하다가 잠시만 참자고 생각을 한다. 웃는 것도 싫고 이전에는 반갑게 받던 친한 이들의 전화마저도 귀찮아졌다. 대문 밖을 외면하면서 집에 있는 시간은 심지어 세수하는 것도 귀찮게 느껴졌다. 허리 뿐 아니라 온몸이 아파오는데 나의 말투가 거칠어졌는지 가족들이 짜증 섞인 대답을 한다. 하루에 대여섯 잔을 마시던 커피도 못 마시고 함구를 하려니 나도 모르게 짜증을 냈었는지도 모른다. 부메랑 같은 것이겠지만 이해보다는 서러움이 나를 지배한다.

우편물이 왔다. 건강 검진하라는……. 해당년도가 되면 11월 말을 전후로 했는데 이번만큼은 마음이 복잡하다. 그나마 검진하고 통보를 받으려면 제사도 지나게 될 테니 다행이다 생각하며 검진을 받고 왔다. 스스로 진단한, 내려진 결과이기에 단념을 하다 보니 만감이 교차함을 느끼게 된다. 이유도 없이 지난시간들이 가슴을 후빈다. 당연한 결과라도, 아직 나오기 전이니 태연하자고 다짐하면서 일거리를 찾는다.

해마다 겨울이면 난방비를 아끼느라 틈새를 막아 놓았었다. 창문틀의 문풍지와 틈에 끼었던 비닐을 잡아당기고 베란다에 물을 부었다.

몽글몽글 쌓여가는 시커먼 먼지를 해마다 보아왔지만 올해는 예사롭게 보이지 않는다. 나의 신장이 저렇게 앓고 있으리라 생각하니 타들어가는 속이다.

아닐 것이라고 부정하고 싶어서 어쩌면 차라리 그런 자신을 학대하고 싶어서, 욕조에 이불을 넣고 밟아 내려간다. 아직 더 덮어도 될 듯 보이는 이불에서 땟물이 나온다. 팍팍 소리가 나도록 밟아간다. 비눗물에 미끄러져 휘청 이면 잠시는 망연자실하면서 한바가지는 될 듯싶은 눈물을 쏟는다. 마치 내 몸을 씻어내는 양 힘든 것도 잊은 채 몇 번이고 헹구고 밟고를 반복하다가 잠시쉬면서보니 맑은 물이 나온다. 몸은 힘들지만 기분이 좀 나아졌다.

시간이지나 결과통보서가 우편물로 왔다. 망설였다. 읽어야할까? 읽어야겠지……. 떨리는 마음을 진정시키며 덜덜 떠는 손은 봉투를 찢어 내려갔다. 2년에 한 번씩 받는 통지서는 비전문가 입장에선 아직도 어렵기만 하다. 돋보기를 쓰고 읽어 내려간다. 신장은 음성이라고 또렷이 찍힌 글씨다. 그래, 그럴 줄 알았지. 붓고 허리 아프고 피곤하고…….

대학병원에 가서 정밀검사를 해야겠지 생각하면서, 담당의에게 어느 정도인지 확인을 하고 싶다는 생각이 들었다. 심각한 상태인지 경미한 상태인지에 따라 내 시간도 조율하며 계획을 세워야 했다. 사전예약이 없는 상태다보니 간호사는 검진표를 보여 달란다. “모두다 정상이신데요.” “여기요, 음성이라고 했는데 그것 나쁜 것 아닌가요?” “아니요, 양성이 안 좋은 것이에요.”

차례가 되어 “왜? 신장 쪽이 두드리면 아프나?”고 여쭸다. 허리근육이 뭉쳐서 염증이 생긴 듯 하다시며 시일이 흐른듯한데 어떤 일을 하고 있는지 물으신다. 늘어지는 뱃살을 빼겠다고 러닝머신위에서 열심히 뛰었고, 늘어지는 팔의 근육을 올려붙이겠다고 아령을 이용해 운동을 했다고 말씀드렸다. '바로 왔으면 하루나 이틀이면 되었을 텐데요.'하시더니 2주간의 물리치료를 명하시는 의사선생님은 '운동은 과하게 하면 독이 된다'는 사실과 '어떤 병이든 시기를 놓칠 수 있다.'는 것을 한 번 더 강조하신다. 지레짐작으로 스스로를 나락으로 떨어뜨렸던, 짧지만 너무도 길었고 마음 아팠던 시간들이었다. 큰 교훈을 얻고 결과 또한 좋으니, 병원에 갈 때는 터벅이던 걸음이 날고 있는 것 같다.

바보……. 음성과 양성을 착각하다니.

낯선 학교의 분수대 생각

고구마를 채 썰어 튀겨 담은 컵을 들고 분수대를 돌고 있었다. 아작아작 씹히는 고구마의 소리가 배경 음악인 듯 세 갈래로 뻗치는 분수와 하모니를 이룬다. 붉은 물결을 이루며 흐르는 듯 춤을 추는 듯 모여드는 비단잉어들에게 미안한 마음이 들었지만 딱딱한 이것을 줄 수는 없어 슬그머니 자리를 옮겼다.

수목원을 연상시키듯, 가늠할 수도 없는 나이테를 간직한 수십 종의 나무들이 빼곡하다. 엊그제 입춘이 지났지만 쌀쌀한 날씨에도 목백일홍은 아직도 만개한 채 화려함이 장관인데 정원사가 궁금해 질 정도로 깔끔하게 매만져진 나무들이다. 그 사이로 오염되지 않은 하늘의 푸른빛에 눈이 시리다. 눈에 보이는 것은 눈을 감거나 돌아서면 사라질 테니 메모라도 하고 싶은데, 가방에 있는 볼펜조차도 꺼내지 않고 있었다.

깨워놓으니 오 분만 더 자겠다며 소파에서 졸고 있는 아이를 다그쳤다. 밥 한 술 먹이려 애원도 부탁도 익숙해진 엄마라는 이름은 수험생 앞에 서면 죄인도 되고 훈육과장도 될 수밖에 없었다. 저리 졸다가 가면 내가 배가 고프고 속이 쓰릴 테니 나의 이기심을 위해서라도 자게 둘 수는 없는 노릇이다. 아이가 정규수업과 야간자율학습을 끝내고 도서실에서 두 시간 정도를 보내고 집에 오는 시간은 새벽 두 시 경이다. 피곤한 아이에게 스프라도 먹일 요량으로 분주한 마음이 때론 아이의 짜증을 돋우는 일과가 되기도 한다.

또 하루를 내려놓는 시간의 반복은 이제 끝났고 본격적인 관문 앞에 섰다. 우리 네 식구는 아침 7시에 출발해서 이곳에 도착하니 11시 30분이 되었다. 밤새 오지 않던 잠을 이곳에 오도록 찾아다녔다. 어젯밤에는 내일 도착할 때까지 아이의 긴장감을 풀어 주리라 생각하며 이런저런 유머거리도 생각하며 '어떻게 말을 해야 할까?' 숙제 아닌 숙제를 했었는데…….

1차 합격을 했고 2차로 면접을 보는 오늘 이곳에 도착해보니 아직도 두 시간이나 남았음에도 많은 지원자들이 모여 있다. 부모님들의 표정은 자녀들의 합격을 원하는 애틋함이 묻어 있었다. 묵주를 쥐고 기도하는 모습과 두 손을 모으고 기도하는 모습과 신중히 하라는 말씀들을 하시고 어느 부자는 벤치에 앉아 묵묵히 말이 없다. 수험생도 부모도 애간장이 녹아내리는 시간이다. 강의실 입장을 하기 전만해도 예상 질문들을 생각하며 아이와 우리가족은 머리를 맞대고 있었다. 들여보내고 나니 갑자기 텅비어오는 썰렁한 마음이 되어 낯선 학교의 운동장이며 곳곳을 돌아다닌다. 무엇을 보았는지 무엇을 느꼈는지 머릿속에 마음속에 담겨진 것은 아무것도 없다.

내가 이곳에 머문 이유도 잊은 채 경중거리던 발걸음을 돌리는데, 작은 푯말이 눈에 띄었다. '제발 먹이를 주지마세요, 너무 먹어서 힘들어요!' -비단잉어-

많은 방문객들이 온갖 먹이를 주었기에 고기들의 시름이 있었을 것이라는 생각을 뒤늦게 해보며, 부드러운 먹이를 들고 있었음 뜻하지 않은 실수를 할 뻔했음에 안도의 숨을 쉬었다.

가지에서 떨려나온 손톱만한 나뭇잎 네 장과 커다란 나뭇잎이 떨어져 있다. 넉 장은 클로버 모양으로 큰 것은 대각선으로 수첩 사이에 '합격의 소식을 받는 날, 앞으로의 포부를 응원하는 글귀를 넣어 클로버와 함께 선물을 하리라.' 생각하면서 넣었다.

수험생부모라면 한번쯤 매달릴 곳을 생각 했을 터이다. 나는 신앙인이 아니었으니 매달릴 신도 없는데 누군가의 말을 떠올렸다. 1년 동안 해 보라고 믿질 것도 없지 않느냐고, 그로인해 아이가 고3이 되면서 나만의 비밀을 만들었다. 정수기의 물을 한 대접 받아서 베란다에 놓고 창문을 열었다.

"조상님들 정화수로 목축이고 가시면서 우리아이 원하는 대학에 갈 수 있도록 꼭꼭 도와주세요. 엄마라고는 하지만 내가 도와줄 것이 아무것도 없습니다. 오직 조상님들께 이리 매달리는 저의 마음을 받아주세요."

간절한 마음으로 읊조리는데 아직은 차가운 봄바람이 얼굴을 매만지듯 불고 있을 뿐이다. 가끔은 이상한 기분이 들었지만 개의치 않고 사계절을 그렇게 했다.

최종 발표일을 맞아 시간이 흐른다. 외부에서 친구들과 모여 있는 아이에게서 연락이 없다. 떨어진 것일까? 분명 나의 행실에 문제가 있었을 거야……. 남에게 미움을 산일이 있었을까……. 남의 마음을 아프게 한 적이 있었을까……. 어느 신의 노여움을 산 것일까? 신화에 나오는 신들까지도 차례로 떠올린다.

그 옛날 조상님들은 남편이나 자식을 위해 정화수 떠놓고 간절한 마음을 펼치셨다. 우상숭배도 특정 신도 아닌 조상님들께 매달린 마음뿐인데도, 내 탓인 것만 같아서 후회의 한 자락 배제할 수가 없다. 원하는 대학의 원하는 과를 지망할 때부터 심사가 틀어지고 있었다. 부모가 원한 대학은 학과는 그곳이 아니었는데, 확실한 주관에 협조를 할 수밖에 없었던 현실이다. 그렇다면 이토록 부모 맘을 졸이게 하지 말고 당당히 입학을 하던지, 기다려야 하는 심정이라니…….

기쁜 소식은 오지 않고 발표는 끝났는데, 당연히 합격했을 것이라고 생각하는 친구며 친지들의 전화가 쇄도한다. 재수를 하겠다는 아이의 말에 대답도 못하고 답답한 마음으로 베란다에 섰다. 뒷전으로 밀린, 다섯 해 겨울을 지내온 산세베리아가 갈증의 고통 속에서도 살아있음이 미안하고 감사했다. 보글거리며 흙속으로 한참을 들어가던 물이 넘친다. 조루의 끝없는 물줄기를 바라보며 문득 낯선 학교의 분수대생각이 떠오른다. 그토록 반대를 했었지만 학교의 곳곳을 돌아다닌 후 꼭 입학해서 다녔으면 좋겠다는 바람이었다.

"엄마, 엄마!"

의기소침해 있던 아이의 다급한 목소리에 돌아선다.

"왜? 괜찮아 동안 고생했는데 1년 더 공부하면 되지!"

"아니 그런 것이 아니고, 아까는 통신장애로 폰에 문자전송이 안된 것이라고요. 학교를 통해서 연락이 왔는데 합격이래요. 저, 장학금도 받는데요!"

아이의 아빠도 누나도 축하한다며 웃음을 지을 때 "내 탓인 줄 알고 마음만 졸이고 있었다."며 정화수 떠놓은 1년의 비밀을 가족들에게 누설하고 하늘을 바라본다. 뭉게구름 사이로 반짝이는 햇살이 12

년의 결산을 축복하듯 초조했던 시간들을 녹이며 나를 흔든다.

"엄마 아빠, 누나 그동안 고생 많으셨어요, 감사합니다."라며 모처럼 웃는 아이는 이 말을 얼마나 하고 싶었을까?

수험생의 가족도 수험생만큼 힘든 해마다 반복되고 또 반복되는 현실이다.

조율

손끝을 읽는 듯, 미풍으로 약풍으로 강풍으로 시원함을 주던 선풍기가 바람한 점 없는 날, 이내 고개를 숙이고 멈춰버렸다. 삐걱거릴 때마다 툭툭 쥐어박으며 볼멘소리를 하면서 당연히 주어야하는 바람만을 생각하던 나와는 다르게, 남편은 어데 아픈가보다며 선풍기를 살피더니 조율이 필요하다고 한다. "골병들었지 뭐." 나는 지난여름을 들먹이며 바가지를 긁는다. 지난해 버리려다가 일부러 갖고 있던 내 속내를 알지 못하는 그이다.

"오죽 잘났으면 선풍기에게 화풀이를 한담."

장식장의 자리를 바꾸고 싶었다. 차일피일 하기에 혼자서 밀고 당기다 보니 바닥에 깔아놓은 발판이 밀려나면서, 모서리부분이 장판에 걸리며 넘어져버렸다. 유리문이었는데 전등도 들어오는 비싼 장이었는데, 순간 유리가 사방으로 튀면서 다리에 상처가 났었다.

화가 나서 선풍기를 쥐어박으며 '버리고 온다'고 하니 '작년에 샀는데…….'라면서 내 눈치를 보더니 더 이상 말이 없다. 한 마디 더하면 장식장 사건으로 이어질 잔소리를 생각했을까. 못을 박고 예쁜 종이를 붙여놓을 때만해도 그것으로 인해 집안일에 무심한 사람이라는 타박을 할 생각은 안했는데 다리의 상처를 볼 때면 심사가 뒤틀린다.

어차피 지난일인데 심보도 고약하다고 거울 앞에서 자신을 꾸짖다 보니 거슬리는, 쳐진 눈꺼풀이며 주름이다. 40대부터 50대 사이의 주부들이 주로 하는 성형은 '상안 검'과 '하안 검'이라고 한다. 늘어진 눈꺼풀로 시야가 좁아지고 눈 밑 주름으로 받는 스트레스를 해소하기 위함이라고 한다. 화장을 하는 시간을 빼고는 거의 거울을 안 보게 되었다. 화장대 앞에서는 그냥 봐 넘길만한데, 밝은 곳에서 보는 얼굴은 짜증이 묻어나오기 때문이다.

푸념의 시간이 길어진 어느 날 성형을 권하는 그이의 말에 못이기는 척 수술을 하기로 했다. 수술대 위에 눕기 전, 성형외과 의사는 신중하게 얼굴을 들여다보고 있다. 펜으로 이리저리 그림을 그렸다 지우고 다시 주시를 하더니 컴퓨터의 화면을 보라고 한다. 나의 생각을 물으며 긴장감을 풀어주려는 자상함도 서로의 만족을 위한 세심함도 오래전의 인연처럼 낯설지 않다. 여인들의 심정을 이해하지 못하기도 하지만 거금을 들였다고 하면 비아냥거리는 말로 호박에 줄 긋는다고 수박이 되느냐는 말이 유행이다 보니 남편 모르게 하는 사람도 있고 금액을 낮추는 사람들이 많았지만, 현금을 흔쾌히 쥐어주며 싼 곳 찾지 말고 잘하는 곳을 찾아가라던 그이에게 감사하는 마음이다.

상처가 채 아물기 전인데, 처방전이 있어야 살 수 있는 안연고를 달라고 하는 그이는 유독 병원에 가는 것을 싫어한다. 신혼 시절 입속에 피멍이 든 것을 잡아 뜯었고 성이 나서 열흘 넘게 밥을 못 먹을 지경인데도 버티었고 요즘은 산에서 벌레에 물린 것을 방치하다

할 수 없이 두 달째 병원에 다니고 있는 중이다.

일주일 전부터 눈이 갑갑하고 간지럽다며 문지른 후에는 뿌연 것이 잘 안 보인다고 한다. 나이도 있으니 검진은 필수항목인데 적신호가 왔으니 당연히 가야하는 것이다. 내심 불안하고 걱정이 되어 여러 차례 '병원에 가라'는 이야기는 잔소리가 되어버린 요즘이다. 마지못해 내어주며 끝자락 겨우 붙었다고 안과에 갈 것을 종용하니 묻을 듯 말듯하게 넣었는지 삐죽 나온 연고가 그냥 남아있다. 안과에 가야함은 당연하지만, 거금을 흔쾌히 쥐어주며 성형을 권하던 순간 달리 보이던 자상함에 느끼던 고마움은 가식이 아니었다.

나도 당황스러운 순간이 후회되며 슬그머니 밀며 더 넣으라고 하니 뜬금없이 바람이나 쏘인다며 대문을 나서는 그이다. 어쩌면 사랑받는 사람이 아닌 필요한 사람으로 전락 당했다는 상념을, 그 모습을 감추려 대문을 나선 것은 아니었는지. 눈에 보이는 선풍기와 주름만이 조율을 필요로 하는 것은 아닐 것이다. 순간 아무렇지도 않게 내뱉은 말로 상처 입은 상대방의 마음도 조율을 필요로 하는 것일 것이다. 그보다 앞서 쉬운 일은 아니지만 평상시에 나 자신을 조율할 수 있었다면.

그녀들의 공통점

사랑할 상대가 있다는 것은 참으로 행복한 일이다. 절로 웃음이 나오니 누구를 만나던지 웃으며 인사할 수 있고 온갖 사물이 예뻐 보이니, 사랑시를 쓰려 작정하지 않아도 아름다운 글이 나온다. 화장실에 들어가서도 기분이 너무 좋아 웃음이 나온다. 가족들이 있는 앞에서 웃으면 이상할 것이야 없겠지만, 계속 이어지는 웃음으로 더욱 머물렀던 시간들을 생각하니 또 웃음이 나온다.

그녀는 오래전에 아들이 아프기 시작했다. 평생 관리를 하며 병원을 드나들어야 했지만 자신의 일에 최선을 다하며 웃음을 잃지 않으려 노력했다. 힘들어 하는 아이에게 엄마의 웃는 얼굴로 희망을 주어야하니, 아픔을 말없이 삼키며 몇 해가 지났을 때 남편은 심장수술을 하게 되었다. 회사에 다니면서 들어두었던 보험으로 아들도 남편도 혜택을 받음이 그나마 다행이었지만, 혼자 몸으로 벌어서 생활하기에 늘 적자였다.

울고 싶지만 아픈 사람들 앞에서 울 수도 없고 회사에서도 사생활로 찌푸릴 수는 없기에 웃음으로 일관한다는 그녀다. 주위에서 이상하게 보며 수군거리지만 그런 것에 신경 쓸 여유가 없다고 한다. 로션도 아까워서 바르는 둥 마는 둥하더니 꼭 화장을 해야 할 때가 아니면 바르지 않는 이유는, 시간도 돈도 아깝기 때문이라고 하는데, 그 말의 뜻이 이해된다. 나도 그랬었다 한동안은.

아버지 일찍 돌아가시고 큰언니는 둘째언니를, 둘째언니는 그 밑에 남동생을……. 이렇게 칠남매는 책임 아닌 책임처럼 이어지며 학비를 대던 세월이 있었다. 세월이 흐르다 보니 비슷한 시기에 언니들은 결혼하고 오빠는 입대를 했다. 결혼을 시키면서 더욱 고갈된 살림이다.

월급을 타면 엄마를 드리는 것은 당연한데 늘 부족한 돈으로 마음 고생하시는 엄마였다. 공고에 다니는 남동생의 실습비가 많이 들었다. 궁리를 하다가 직장을 다른 병원으로 옮기면서 월급을 더 받으며 열심히 하다 보니, 환자 또는 가족 분들이 고맙다며 쥐어주는 돈이 얼마나 고마웠는지 모른다. 규칙적인 수입은 아니었으나 당시 내게는 큰 도움이었다.

원장님께서 우리 집 가정사정을 아시고 월급을 올려주셨다. 엄마의 걱정이 줄었음이 너무도 기뻐서 보답하려는 마음으로 직원들까지 퇴근한 시간이면, 원장실이며 병원 곳곳을 반들거리게 닦고 소독을 하느라 일초의 시간도 아까워하던 때, 로션도 스킨도 내게는 사치라고 생각했었던 시절이었다.

어느 여인이 가게를 방문했다. 별 대화 없이 잠시 머무르다 갔는데 며칠이 지나서 또 오기를 반복한다. 방문판매를 하는 여인을 알게 된 것은 아이들이 유치원을 다니던 시절이니 10년이 훨씬 넘었지만 담소를 나누는 사이는 아니었다. 그녀의 직업을 알게 되면서 부담이 되기 시작했다. 팔아줄 것도 아닌데 친절히 대하면 은근히 기대를 할까 싶은, 그렇다고 대놓고 사주지 않을 것이니 오지 말라고 할 수도 없다. 본마음을 감추고 쌀쌀맞은 태도로 일관을 한다. 그런데 왜 마음이 편하지 않은지…….

그냥 이웃으로 생각하자고 마음을 굳히며 차를 나누다보니 속내를 털어놓는 사이가 되었다. 일주일을 넘길 때가 없었는데……. 팔아주는 것도 아니니 재미가 없어서 이젠 안 오는가보다 생각하는데 웃으며 들어온다. 이웃동네에 사시는 시어머니와 혼자 사는 시숙께 일주일에 한 두 번씩 반찬을 해드리고 청소를 하느라 바빴다면서 말을 꺼낸다. 본인 생활도 힘든데 집안의 애경사 챙겨가면서도 불만을 내색하지 않는, 열심히 살아가는 그녀라는 것을 처음 알게 된 계기이다. 나는 악의가 없는 순수한 마음을 지닌, 긍정적인 마음으로 최선을 다하는 사람을 좋아한다. 그런 사람을 만나면 닮고 싶어서 안달하는 자신을 느낄 수 있음에 행복하니까.

두 여인을 만나면서 많은 대화를 나누다보니 밝게 웃으며 긍정적인 마음으로 살아가려는 공통점이 있었다. 바쁜 그녀들을 더 머물다 가라면서 차 한 잔을 더 권하기도 한다. 그녀들의 마음을 헤아리고, 때론 그녀들이 나의 맘을 헤아리는 시간을 보내고 헤어질 때면 웃으며 서로를 다독이는 친구가 되어갔다. 그들의 삶의 방식을 배워가기에 늘 고마운 마음이다. 한 집은 아들을 결혼시킨다면서 청첩장을 주지 않기에 나도 달라고 하니, 요즘 같은 불경기에 폐 끼치는 것이 싫다는 것을 졸라서 받았는데, 또 한 집은 휴가 나온 아들을 앞세우고 인사를 왔다. 결혼을 시키니 한시름 놓는다고, 곧 제대하여 직장을 다닐 테니 한시름 덜겠다고 웃음들을 짓는다. 내일처럼 기쁨으로 다가온다.

난 그들을 사랑하고 있는지도 모른다. 자신의 시간에 웃음으로 최선을 다하며 살아가는 사람들, 생각만으로도 기분이 좋아지는 사람들이 이웃이라는 사실에 행복의 웃음이 절로 나온다. 가난한 집의 맏며느리란 어디를 가던 주눅이 들기 일쑤인 것을 그 입장이 되어 본 사람들은 이해를 할 터이지만, 입장이 되어보지 않은 대다수의 사람들은 인색하다는 단어를 내세우며 헐뜯기도 한다. 불경기의 여파로 살기 힘든 세상이라 하지만 뜻이 있는 곳에 길이 있기에 최소한의 낭비도 허락지 않으려는 자신이다.

두 여인을 생각하니 너무 좋아서, 밤새 웃을 것 같아 화장실에서 나왔다고 하니 요즘 유행하는 "고뤠~, 그럼 우리도 같이 웃지 으하하하……."하는 남편에 이어 딸은 "오랜만에 보는 엄마의 웃음에 나도 같이"라면서 웃고 아들은 "세분 아줌마들의 행복을 위하여."하며 박수를 치고 있다. 그녀들로 인해 행복한 이 밤, 나도 누군가에게 생각만으로도 기분 좋은 사람이 되고 싶다.

어린 날의 추억

초등학교 5학년이던 내게 1학년짜리 동생이 있다. 엄마젖이 부족했기에 그 아이 다섯 살 무렵에 당시 최고 영양제인 원기소를 먹였었다. 누나와 형은 그 구수하고 맛있는 원기소를 엄마 눈을 피해가며 꺼내 먹었으니 동생이 풍족히 먹을 수는 없었다. 그래서인지 홍역을 심하게 앓아서인지 모르겠으나, 그 아이는 또래에 비해 키도 훨씬 작았고 책가방 드는 것도 힘들어 했다. 아이들의 놀림감이 되기도 했는데 며칠째 울면서 오는 아이의 말은 ㅇㅇ가 매일 때린다고 한다.

1학년 교실을 3학년이던 여동생과 드나들며 그 아이를 타일렀는데, 오늘도 얼굴이며 팔꿈치에 타박상을 입은 채 울며 들어오는 동생이다. 그 아이가 집을 가려면 논길을 많이 돌아서 가던지 우리 집 앞으로 가야한다. 하교시간에 맞춰 그 아이를 기다리기 시작했는데 한동안 등굣길에도 보이지 않는다. 잊힐 무렵 동생이 코피를 흘리며 울면서 들어온다. 여동생과 나는 ㅇㅇ가 지나갈 논길에서 씩씩거리고 있었다. 만나기만 해봐라……. 아무것도 모른 체 오던 아이를 잡았는데 뿌리치고 도망을 가면서 삼촌을 계속해서 부른다.

빙글거리듯 돌고 도는 아이를 쫓느라 미끄러운 논길을 달리는데 웬 남자가 우리를 쫓아오고 있다. 늘 지팡이를 짚고 다니던 그 사람은 시각장애인이었다. 전쟁터에서 실명을 한 후로 성격이 괴팍해졌다는 소문도 들었던 터인데, 그 아이의 삼촌이라는 사실을 처음으로 접하는 순간이다.

구불거리는 여러 갈래의 논길이 아니었다면 우린 벌써 잡혔을 것이다. 한쪽 손에 들고 있는 지팡이는 허공을 가르는데, 앞도 못 보는 사람이 저토록 빠른 것이 이해가 되지 않았다. 눈으로 보면서도 뛰다 보면 미끄러지며 논으로 여러 차례 빠진 우리 둘인데, 그와의 거리가 점점 좁혀지고 있다. 논에는 그들이 사는 집 한 채뿐으로 아무리 돌아봐도 그 넓은 논에 사람이라곤 우리 네 사람뿐이다. "거기 서"라고 하면서 호통을 치지만 우린 달려야했다.

만약에 잡힌다면……. 상상도 하기 싫은 공포감에 땀과 눈물로 범벅이 되면서도 뛰어야했다. 머리카락 몇 올을 뜯기던, 온 몸에 소름이 돋던 순간에 아차 싶었다. 우리가 도망가면서 '엄마~ 엄마~'하면서 뛰었기에 그 소리가 길을 안내했을 것이라는 생각을 하며 동생에게 소리쳤다.

"입 다물어."

그리고는 갈라지는 길 앞에서 난 더 크게 소리쳤다.

"오른쪽으로 뛰어."

다급한 말과 손짓으로 나는 왼쪽을 가리켰다. 나의 생각은 적중했다. 아슬아슬하게 그는 오른쪽으로, 우리는 왼쪽으로 갈라졌다. 그의 삼촌은 우리를 낚아채려던 몸짓을 하다가 오른쪽으로 틀면서 논에 고꾸라지듯 처박혔다. 점점 거리가 멀어지며 조금의 여유가 생겼을

때 분한마음이 생겼다. 씩씩거리며 "아저씨네 조카가 내 동생을 매일 괴롭혀서 왔는데 왜? 우릴 쫓아오세요. 아저씨네 조카나 혼을 내세요."라고 했더니 "뭐라고 다시 한 번 말해봐"라고 하면서 더 이상 쫓아오지 못하고 숨을 몰아쉬고 있다.

ㅇㅇ를 혼내기는커녕 도망을 다니다가 몇 차례 논으로 굴렀기에 진흙으로 범벅이 되고 보니 약이 오르기도 해서 엉엉 울면서 집에 도착했다. 그때서야 운동화 한 짝이 없는 것을 알았지만 그것을 찾으러 갈 용기가 나지 않았다. 다시 갔을 때 아저씨가 쫓아온다면 이젠 도망갈 힘도 없을 뿐 아니라 두려워서 갈 수가 없었다. 다음날 조카를 앞세우고 우리 집을 찾아온 아저씨를 보며 무서워서 숨었는데 아버지께서 부르신다. 조카를 통해서 자초지종을 들었다고 하시며 어제는 미안했다고 하신다.

"내가 앞을 못 본다는 이유로 괴롭힘을 당하는 조카이기에 어제도 당연히 그런 상황."이라고 생각했다면서……. 그럼에도 한동안은 잠을 잘 수가 없었다. 눈만 감으면 쫓아오는 아저씨였다.

'그렇게 일단락되는가?' 싶었는데 이번에는 아랫마을 사는 내 친구의 동생이 내 동생을 괴롭힌다는 것이다. 그의 집은 원호대상자 가족이었다. 아버지는 의족을 했으므로 지팡이에 의지를 하면서도 느릿느릿 걸었으며 그럴 때면 소름이 돋을 정도로 삐거덕거리는 소리가 났다. 작은 아버지도 전쟁터에서 잘린 손목에 쇠고리를 걸고 있었다. 어린나이라서 그런지 앞을 못 보는 아저씨가 그리도 무서웠는데, 이제는 오싹하리만치 움츠려드는 몸이다. 친구에게 여러 차례 말을 하지만 그의 동생은 여전히 내 동생을 괴롭힌다.

그의 가족들이 무서워도 우린 결판을 내어야했다. 싸움대장이라고 소문이 나있는 아이였다. 여동생과 나는 나름의 작전을 짜고 아랫마을로 그를 찾아갔다. 그 아이와 몇 마디 말이 오가는데 덩치가 큰 그 아이의 주먹이 날아온다. 무서워서 도망갈 우리는 아니었다. '쪼그만 게 어디서 까불고 있느냐.'며 셋은 뒤엉켜 싸움이 시작됐다. 땅에 넘어진 그 아이를 둘이서 하나는 가슴 쪽을 하나는 다리 쪽을 깔고 앉아 마구 때려 놓고 항복을 받아냈다.

나열하다 보니 마치 싸움꾼인 듯하지만, 우리는 동네서 칭찬받는 아이들이었다. 하지만 내 동생을 괴롭히는 아이들은 묵과하지 않으니 동네 아이들은 더 이상 동생을 괴롭히지 않았다. 간혹 심한 장난을 치는 것을 보실 때면 어른들은 그 아이들을 나무라시다 보니 동네아이들은 내 동생을 챙기는 모습으로 변해갔다. 약자를 괴롭히는 것은 비열한 짓이라는 것을 모르는 것은 아니나 누군가 내 동생을 괴롭히는 것은 참을 수 없던 시절이었다.

늦은 시간 분주히 상을 차리시는 엄마는 아무것도 모르신 체, 내일 아침 출근시간이 다가오면 같은 말씀을 하실 것이다. 동생 챙기고 친구들하고 사이좋게 놀고 있으라고. 엄마가 부재중인 시간은 누나라는 이름 속에는 막중한 사명감이 있다는 것을 느꼈던 날들이었다.

그 아이들은 오십대 중반으로 접어들어 이제는 손자, 손녀를 타이르겠지, 동생 괴롭히면 안 된다고. 약자를 괴롭히는 것은 나쁜 짓이라고. 그러다 문득 어린 날의 추억에 젖어들겠지.

3부

바람이, 가을바람이 불고 있다.

정표

신혼여행에서 돌아온 지 닷새째 되는 날이다. 시댁에는 오늘도 여전히 손님이 많다. 손님에 따라 차와 과일과 술상을 차려 안방으로 들였다. 한쪽 벽에 몸을 기대고 방문을 조금 열어놓은 채 귓전은 밖을 향해 있다. 손님들이 언제 나오실지 모르니 안방 문 열리는 소리를 신경 쓰고 있는 것이다.

"애기, 안에 있니? 안에 있니?"

깜빡 잠이 들었었나 보다.

신혼이 무엇인지도 모르게 시간이 흘렀고, 첫 아이가 1개월 갓 넘었다. 시어머니께서 건강검진 차 병원에 가셨는데 전화를 하셨다. 급히 수술을 해야 하니 돈을 만들어 오라는 말씀이다. 시누들과 통화를 했지만 돈이 없다고 한다. 그 당시는 요즘처럼 휴대폰이 있는 시기도 아니었지만, 그 사람은 삐삐 조차도 없고 현장에서 일을 하는 사람이니 연락이 되지 않았다. 마음이 급하다. 빨리 돈이 들어가야 수술을 하신다는데 병원으로 전화를 했다.

"모두 돈이 없다고 하시는데 어떻게 하지요?"

"빨리 만들어와야 수술을 하지."

단호하신 말씀이다. 어떻게 돈을 만들어야 할까? 친정에 전화를 해 볼까 망설이는데 빨리 만들어오라고 또 재촉을 하신다. 오죽 급한 수술이면 저리도 다급하실까. 간호사를 바꿔 달라고 해서 '돈을 바로 준비해서 갈 것이니 수술을 부탁한다.'고 통화를 했다. 접수가 먼저라고 하기에 의사선생님을 바꿔달라고 했더니 안 된다는 것이다. 그 병원 오랜 단골이시니 말씀이라도 전해주시길 사정했으나 대답 없이 시어머니를 바꿔주었다.

고민을 하다 문득 떠오른 것이 있다. '이것만은 아닌데, 그렇지 이것은 안 된다고 하실 거야 말씀드리면 오히려 마음만 상하시겠지' 생각했다. 하지만 달리 방법이 없는 상황이다. 할 수없이 기어들어가는 소리로 입을 열었다.

"시간이 그리도 급하면 패물이라도 팔아올까요?"

"그래, 그것이라도 팔아서 빨리 가지고 와라."

아이를 업으니 포대기 밑으로 빠져나간다. 끈을 최대한 당겨서 꽉 묶고는 상봉동에서 의정부 행 버스를 타고 다시 양주로 가는 버스를 갈아탔다. 일주일 후에 그이의 월급날이기는 했지만, 제부에게 패물을 내미니 돈을 빌려주겠다며 받지 않는데 신세를 지는 것이 싫었다. 반대방향으로 세 번의 버스를 타고 병원에 가서 돈을 지불했다. 땀으로 미끄러져서 신발을 몇 번을 고쳐 신으며 다녔기에 아이와 나는 흠뻑 젖어 있었다. 그런데 어머니의 표정은 아무렇지도 않았다. '많이 아프실 텐데, 미안해서 내색을 안 하시는 것'이라고 생각하며 시동생의 저녁을 짓기 위해 다시 버스를 타고 집으로 왔다.

아기가 축 늘어져있다. 다섯 시간을 버스로 이동하면서 포대기 끈

을 조이고 또 조였었다. 젖을 못 먹은 아기와 젖이 불어 아픈 가슴을 문지르는 나는 같이 울었다. 겨우 달래어 젖을 물리니 몇 모금 빨지도 못하고 잠이 들었다. 젖을 먹으며 쳐다보던 눈빛과 손가락을 몇 번이고 쥐었다 폈다가 잠이 들던 평상시의 모습과는 전혀 다르다. 잠이 든 것이겠지? 설마 이상한 것은 아니겠지 생각하며 아기를 흔들어 보기도 한다. 몸이 좀 편해졌는지 웃다가 다시 잠이 드는 모습에 미안함을 느끼며, 나 또한 겨우 안정을 찾아간다.

병원에서 전화가 왔다. 병원 밥은 맛이 없으니 밥을 해오라는 말씀이다. 서둘러 도시락을 준비하고 깊은 잠을 못자고 보채는 아이를 업고 병원을 다녀왔더니 밤이 되었다. 일이 빨리 끝났다며 그이가 왔다. 밥상을 물리고 조심스레 말미를 꺼냈다. 무슨 수술인데? 화들짝 놀라는 그이의 얼굴을 바라본다. 급하다는 이야기를 들었을 뿐, 돈 구할 생각만 했던 나는 병명도 모르고 있었다.

병원으로 전화를 했다.

"○○환자 보호자인데 무슨 수술이죠?"

"예쁜이 수술인데요."

"네?"

"예쁜이수술이라고요."

"그런데 병원비가 그렇게 비싼가요?"

"그것은 의료보험이 안 되는 것 모르세요? 치료목적이 아닌 미용목적이니 당연히 의료보험이 안 되는 것인데 모르세요?"

어안이 벙벙하니 난 무식쟁이 아낙이 되어버렸다. 수술비라고 하시니 촌각을 다투는 수술로만 생각했지, 그런 것이라고는 상상도 할 수 없었다.

혼인을 앞두고 하는 패물의 의미는 무엇인가? 그저 형식적인 것이 아닌 정표인 것이다. 어쩔 수 없는 다급함이라면 패물의 의미를 굳이 따질 필요는 없을 테고 오히려 걱정이 앞 설 것이었다. 정표는 단순한 물건이 아니었다. 그와 나의 출발점의 산물이었다. 희망을 안고 사랑으로 시작하며 그려놓은 첫 설계도면이었다. 살아가면서 뜻하지 않은 순간에 달했을 때 서로의 의견일치를 보던 그 순간을 떠올릴 수 있는 화합점인 것 이었다.

정표를 소중히 여기던 시절을 살아오신 분이셨다. 세월이 흐른 뒤에도 언급이 없으심은 보상심리로 기대한 것은 아니었으나 무척이나 서운했다. 이럴 때 수술이라는 단어에 당황하면서 신중하지 못했던 자신을 책망해야 하는 것일까.

부부

강한 뙤약볕으로 잔디는 녹빛을 입고 있다. 냉이꽃이며 이름 모를 잡초들은 잔디를 덥고 뿌리를 깊이깊이 내려서 잔디밭이 아니라 풀밭이라 하는 편이 더 났다. 모자를 쓰고 수건을 목에 두른 그녀는 잔디밭의 풀을 매느라 몇 시간째 땀을 흘리고 있다. 잡초들을 움켜쥐고 힘껏 당기다보니 현기증에 눈앞이 흐릿하지만, 세 아이를 생각하면서 이를 악물고 뽑아댄다.

저녁이 되어 집에 오니, 배고파하는 아이들의 얼굴엔 눈물과 땀으로 얼룩져서 땟물이 줄줄 흐른다. 보리쌀을 씻고 화덕에 솥을 올려놓고 어제 내린 비에 젖은 곁가지로 불을 때니 온 집안이 연기로 자욱하다. 기침하는 아이들을 밖으로 내보내지만 엄마 품이 그리운 아이들은 문 앞에 쪼그려 앉아 엄마를 바라본다.

어제 잔디밭의 풀을 다 매었기에 오늘은 자갈일을 한다. 자갈일이란 세숫대야 또는 함지 등에 자갈을 담아 머리에 이고 저 멀리로 나르는 일이다. 양은대야를 이고 두 손으로 움켜쥐고 걸어가려니 목도 어깨도 팔도 아프고 흐르는 땀은 눈으로 들어가니 깜박이면서 흐릿한 시야로 걸을 수밖에 없었다고 하신다. 반나절을 겨우 채우고 그만두는 사람들이 많았지만 감독 앞에서 이 정도는 아무것도 아니라며 너스레를 떤다. 감독의 눈에 시원치 않으면 그 자리에서 그만두라하니 힘든 내색은 금물임을, 그녀는 알고 있었던 것이다. 현장의 소장으로 있는 그녀의 남편은 그토록 힘든 일을 하는 부인을 위로하지는 않고 일을 마치고 오면 매일은 아니지만 다방을 드나들었다.

"○○이, 아버지 매일 마시는 코피 값이면 보리쌀이……."

"여편네가 잔소리는."하면서 문을 박차고 나가는 남편이다.

세월이 흘러 부부는 시골에 땅을 샀다. 재개발로 노른자위가 된 땅에 반듯한 건물을 짓고 임대료를 받으니 생활이 여유로워졌다.

"○○이 아버지, 나 공부 좀 하면 안 될까요?"

"여자가 공부는 무슨……, 살림이나 하고 아이들이나 키워."

그러면서 슬롯머신이라는 사행성 오락게임장으로 향하는 남편이다.

한글을 모르는 사람들이 많았던 당시 초등학교를 나온 그녀였지만 남편의 말 한 마디에 주눅이 든다. 장을 봐오면 많이 샀다고 타박하고, 옷을 사면 사치라 하니 싸구려 옷을 사도 꼬깃꼬깃하니 접어들고 얻어왔다고 거짓말을 한다. 그녀는 부인이 아닌 하인처럼 살아온 세월이 억울하다며 이혼신청을 했다. 위자료는 못준다는 남편을 상대로 나의 지분을 달라는 소원도 냈다. 부인의 승소로 끝났다.

이혼 후, 남편은 혼자 남아 잔소리 듣지 않고 찻집을 드나들지만, 허전함을 채울 수는 없다고 하신다. 깜깜한 집에 들어오는 것은 차라리 고문이라 하는 편이 맞는다고, 밥을 해주는 가족도 말상대도 없으니 나이 먹어 이렇게 고독한 삶을 살리라고는 상상조차 못했다고 하신다. 고독으로 인한 마음의 병은 깊은 골을 만들고 있는지 많이 여

위신 모습이다.

당신의 삶을 돌이켜 보면서 '왜? 그리 살았는지 모르겠다.'며 후회의 눈물을 흘리시곤 했다. 지난날이 다시 올 수 있다면, 요즘 젊은이들처럼 재밌게 행복하게 살아보고 싶다고, 이제라도 다시 만나 ㅇㅇ이 엄마에게 잘해주고 싶은데 동안 너무 미안해서 말을 꺼낼 수도 없다고 하셨다. 외로움은 중병이 되었고 그렇게 세상을 등지셨다.

문을 살짝 밀며 미소 짓는 소녀 같은 여인이 무척이나 반가웠다. 여러 해가 흘러 만난 그녀는 살이 올라 통통한 얼굴이 마치 시술이라도 한 것처럼 좋아 보인다.

"그동안 어찌 지내셨어요? 저 안보고 싶으셨어요?"

"왜요, 궁금하고 보고 싶었지요."

칠순이 넘으셨지만 하대를 하지 않는 그분은 동안 중, 고등학교를 다녔고 지금은 전문대를 다니고 있는데 3학년으로 편입을 할 계획이라신다. 더욱이 미술을 전공하신다기에 깜짝 놀랐다. '유화를 배우느라 여념이 없다.'시며 '내 건물에 학원을 차리는 것이 목표에요.'라고 하신다. 공부가 얼마나 하고 싶으셨으면, 좋아하는 그림을 얼마나 그리고 싶으셨으면……. 체념하고 산 세월에도 꺾이지 않은 그녀의 의지가 대단하다.

자갈 일을 하고 잔디밭 풀을 매던, 세월 따라 할머니가 되셨다는 것 외에 난 그녀의 다른 모습은 상상도 할 수 없었다. 열정으로 삶을 살아가시는 모습에서 칠순을 넘기셨음이 실감나지 않아 글을 쓰면서도 '그녀'라는 호칭이 자연스레 나온다. '서러움도 미련도 원망도 접으니 50여년의 생활이 담긴 가슴은 텅 비었다'시며 눈물을 찍으신다. 끝없는 배움에 도전함은 오래전 소원이기도 했었지만, 빈 가슴의 허전함을 잊으려는 몸부림인지도 모른다고 하신다.

가신이도 남은 이도 정리되지 않은 아픔으로 마음고생 하시는 것을 보면서 가슴이 저리다. 인생은 찰나에 불과하다고 한다. 하물며 부부라는 이름으로 살아가는 시간은 얼마나 될까? 상대방을 배려하며 걷다가 원점으로 돌아가는 순간, "부부로 살아오는 동안이 무척이나 행복했다고, 고마웠다"고 말할 수 있기를…….

역사의 그날

모두들 숨을 죽였다. 들숨도 날숨도 허용되지 않는 답답한 가슴은 숨을 참으려는 것이 아니다. 숨 쉬는 것조차 민망하고 사치스럽게 느껴지는 침묵인 그것은 고통이었다. 지켜주지 못했다는 자책감에도 가슴을 짓누르는 사명감을 떠올려야 했다. 바다 한가운데 멈춰선 배로 인해 속보가 뜬 시간에 구조를 하리라는 당연한 생각을 의심하는 사람은 없었다. 기울어가는 배를 보며 동동 구르는 발도 식은땀을 흘리는 손도 나무랄 수 있었음은, 곧 구조할 것이라 믿었던 마음이 있었기에 가능했었다. 환난이 일던 바닷가의 살려달라는 절규를 거센 파도가 삼키려 할 때도 순간의 간절함에 힘이 되어줄 누군가를 기다렸다.

아, 그러나 기울던 배의 끝자락마저 바닷물에 잠기려 할 때, 난도질당하는 가슴은 비통함으로 채워지며 헤아릴 수 없는 배신감은 분노로 젖어들었다. 가슴으로 키운 자식들을 가슴에 묻어야 한다는 누구도 수용할 수 없는 암담한 현실이 되었다. 그곳은 시간이 흐를수록 웃음을 잃어버린 거리, 희망을 잃어버린 잿빛의 거리가 되어갔다.

애지중지 키워오던 아이들이 보이지 않았다. 북적이던 교실이 텅 비었고 골목마다 스산한 침묵이 머물고 있다. 소풍을 떠나기 전 들떠 있던 아이의 모습이 없는 텅 빈 방은 우울함으로 채워져 있다. 충격이 컸던 국민들도 웃음을 잃으며 한숨이 난무하는 거리에 수북수북 의혹의 더미가 생겨났다. 수면 위로 떠오르는 운명을 달리한 아이들의 모습을 어찌 감당하리요. 수중에서 애타게 부모형제를 부르는 아이들을 어찌 하리요. 가슴 아픈 이들이 하나 둘 촛불을 켜고 모여들었다. 아직도 뱃전에 머물러 있는 아이들을 건져 달라는 간절함을 대변하듯이 촛불의 숫자가 늘어가고 있었다.

그들의 외침은 무엇인가. 절규하는 그들은 무엇을 말하고 싶은 것인가? 그들은 가정의 일원이다. 부모와 자식이고 이웃이며 우리나라의 구성원 인 국민인 것이다. 내 가족의 평화는 곧 사회의 평화이고 나아가서는 국민의 평화이다. 평화로운 나라에서 평화로운 삶을 원하는 그것뿐이었다.

당연한 국민의 권리를 시위로 몰아가는 이유를 납득할 수 없을 때 불거진 국정농단이라는 사건과 맞물리면서 시민의 가슴은 더욱 격앙되었고 2017년 3월 10일 오늘 헌법재판소의 판결을 기다리고 있다. 긴장된 시간으로 다가서고 있다. 결과를 기다리려니 시간은 더디게 흐른다. 결과후의 폭풍을 염두에 두고 보는 시계의 초침소리는 가슴을 두드려 심장이 불규칙하게 두근거리는 시간이다. 18분여를 남겨두고 있다. 냉수를 들이켜도 찬물을 뒤집어써도 차기움이 인식되지 않는 순간이다.

아, 대한민국의 슬픈 운명의 날이다. 어느 쪽이 승자의 미소를 지을까보다는 탄식의 시간인 것이다. 어이하다 이 지경까지 왔어야 했을까? 눈뜨고 귀 열고 마음을 열어 이곳에 정착하는 일만은 없어야 했다. 헌법재판소가 생긴 이래로 사상 처음 있는 현직의 대통령을 파면하느냐 마느냐하는 기로에 선 불운의 국가이다. 어느 나라에서는 생중계를 한다고 한다. 비극의 역사는 전파를 타고 세계 곳곳으로 퍼져나가고 있다. 대책 없이 추락할 우리의 모습들을 추스를 힘도 없으면서, 이 지경까지 만들어놓은 누군가를 탓한들 뾰족한 수가 없는 상황이다.

어느 싸움을 지켜본 일이 있었다. 피해자도 가해자도 뒤엉키어 본래의 취지처럼 해결하려는 실마리는 간데없고 다툼은 시간이 지나면서 격앙되어 헐뜯음만이 남아있는 그런 싸움을 본 일이 있다. 상대방을 포용하는 것도, 자신의 실수를 인정하는 것도 사람만이 행할 수 있는 축복이라고 한다.

상대방의 입장이 되어 생각했더라면 이러한 결과는 오지 않았을 것이나 그들은 잘, 잘못을 떠나 곱지 않은 시선을 느껴야 했다. 서로에게 남은 것은 상처라는 이름뿐이었다. 늦게라도 자중하려는 마음보다는 상대를 헐뜯음으로 자신의 합리화를 주장하는 사람들에게 남은 것은 결국 힐책뿐이었다.

평화적으로 자신의 의지를 표명하며 성숙한 시민의식으로 자리매김 되어온 우리의 촛불문화이다. 그럴 수밖에 없었던 슬픔인 것을, 생활을 접으며 거리로 나와야했던 이유를 마땅찮더라도 이해를 하려는 살핌이 있었다면 오늘 이 정국을 맞이했을까? 외신들도 극찬한 촛불이었다. 처음 접할 때 그들의 시선은 냉정했을 것이다. 성숙된 국민보다는 나라에 반기를 드는 시위행렬이라고 생각했을 것이다. 그렇다면 그들은 무엇을 극찬했을까? 폭력 없는 평화로움 속에 질서정

연한 움직임부터 깔끔한 뒷정리까지의 시간들을 보면서, 정작 이들이 원하는 것은 무엇인지를 파악했을 것이었다.

헌재의 결정이 내려지기 전 많은 이들이 기도를 한다. 종교는 달라도 기도의 목소리는 하나가 아닐까? 대한민국을 위해, 역사에 부끄럽지 않은 판단을 위해 저분들께 현명한 지혜로움을 주시기를 간절히 바라는 마음일 것이다.

헌법재판소 대심판정이다. 방청석과 일반인 취재진들이 착석완료를 했다는 앵커의 목소리가 들려온다. 긴박한 순간이 카운트다운이 시작되었다. 긴장감이 팽팽한 가슴에 울렁증이 일고 있다. 눈도 귀도 열며 숨을 한껏 들이마시고 나 역시도 시선이 고정되었다. 헌법재판소 주변에는 정치에 대한 믿음도 불신도 모두 모여 있다.

비폭력의 이름으로 뜨거웠던 133일을 기억한다. 꽃으로 저항하라며 경찰버스에 꽃 스티커를 붙이고 어둠은 빛을 이길 수 없다 는 간절함으로 평화를 사랑하는 시민들이었다. 많은 비가 내려도 혹한의 날씨에 눈마저 날려도, 국민의 목소리를 들으라며 연인원 천오백만 명이 모였으니 그것은 국민들의 마음이었다. 사상처음으로 청와대 100미터 앞까지 집회를 허용했음은 무엇을 의미하는가?

평화를 사랑하는 국민들의 진심을 들어달라는 염원의 소리를 인정하는 그것이었다. 좀 더 일찍 소통을 했더라면 여기까지 오지는 않았을 것이라고 말하는 사람들, 정치권은 누구나 할 것 없이 헌재의 결정에 승복하기로 결정을 내렸다고 한다. 과연 원치 않는 쪽이라도 승복할 수 있을까?

당연히 그래야 할 것이다. 더 이상 추문에 휘말리는 대한민국이 아니길 바란다면 선고가 내려진 후 남겨진 과제를 살펴야 할 것이다.

교육열이 높다는 우리나라의 명성이 이름으로만 있는 것인가? 우리의 머릿속은 텅 빈 것이 아닌 애국심으로 지식으로 상식으로 가득 차 있음을 상기한다. 보다 살기 좋은 대한민국을 원하는 국민들이다. 믿고 의지할 수 있음으로 일상에서도 소소한 행복을 느낄 수 있는, 단비가 내리길 소망하는 사람들이다.

헌재소장대행의 머리에 롤 두 개가 말려져있는 모습이 카메라에 포착 되었다. 지켜보는 우리네보다 더욱 긴장하며 분주했던 그분들의 시간을 보고 있는 것이다. 간절한 염원을 품은 채 침묵이 흐르는 대심판정에서 헌재소장대행의 낭독이 시작되었다. 심판의 잣대는 어디로 갈 것인가? 이산의 슬픔과 불통으로 저며 오던 가슴은 사드배치 문제로 인해 약소국가의 서러움을 감당해야 하는 슬픈 현실이다. 지혜를 모아야 할 시기임에도 헌법재판소 주변에 모여 있는 촛불과 태극기로 갈라진 양상을 바라보니 가슴이 너무 쓰리다.

우리는 모두 이 나라를 사랑하는 국민들이다. 두 번 다시 있어서는 안 될 뼈아픈 진통을 겪으며 숨이 가빠지고 있는 "아! 나의조국이여! '꿀꺽'이며 넘어가는 침 소리를 목젖이 움켜쥔다.

꿈을 심어주신 그분들이 아니었다면

신인상공모전을 접했다. 도전해보자는 생각은 욕심 일뿐이라며 자신을 나무란다. 푸념을 늘어놓다보니 빼곡히 연습장 한바닥이 채워지며 기분이 좀 나아졌다.

"그렇지, 내가 글을 쓰는 이유는 도전을 하려는 목적이 아니라 넋두리를 함으로써 자신을 다독이는 그것이었지."

살다보면 속상한 일들은 가짓수를 헤아릴 수도 없다. 가슴에 담고 있자니 속이 터질 지경이니 아줌마들은 만나면 수다를 떠는 것이 아닐까? 동병상린이기에 의기투합되는 순간의 비밀은 영원할 것 같은데 수학공식처럼 딱 떨어지지 않는다. 일기장이나 낙서 장은 자문자답해야하는 단점이 있지만 절대 발설되지 않는다는 장점이 있기에 혼자만의 시간이면 글쓰기를 좋아하는 나는 이따금 써놓았던 글을 음미한다. 시간의 흐름에 따라 차이점이 느껴지는, 글을 쓴 자신은 하나인데 그것을 가늠하는 잣대는 하나가 아니다. 비평과 혹평으로 이어지며 자신을 나무랄지 쓸어주어야 할지 냉철함으로 고민을 한다. 그렇다고 늘 힘든 마음을 서술하는 것은 아니다.

가끔은 길거리를 지나면서, 창문 밖을 바라보면서 의도된 생각 없이 느낌을 적어놓고 아이에게 보이며 어떤 느낌으로 다가오는지 물었고 "와아~, 엄마."하는 아이의 긍정적인 대답을 들을 때면 만족을 느끼는 정도이다. 그러함에도 순간들을 거부하고 싶었던 몸부림이 실린 글을 보내려고 전송을 누르고 또 눌러도 실행이 되지 않는다. 누군가 읽어줌만으로도 위로가 될 것 같은데 끈질기게 움켜쥐는 노후된 컴퓨터이다.

한낮 사물에 불과한 컴퓨터를 상대로 오기가 생긴다. 서둘러 수리를 하고 재전송을 누르며 두 번 다시 그렇게 아픈 글은 쓰지도 읽지도 않으리라 생각하니 한결 가벼워진 마음이다. 딸과 차를 마시며 대화를 나누는 중에 전화벨이 울렸다. "제가 본인인데요, 누구세요, 무슨 일이세요?"하자 딸은 이상한 전화라는 생각을 했는지 의아한 눈빛으로 나를 바라본다. 너무도 뜻밖인지라 '제목은 무엇이며 주소는요', '정말인가요?'하며 반복된 질문을 했다.

"엄마, 신인상에 당선됐다고 전화주신거야. 엄마 정말이야? 와~, 언제 보냈는데 애기도 안했어?"

"어차피 안 될 것이니까 이미지 관리차원에서 혼자만의 비밀이었지."

"엄마 축하해."

아이를 끌어안고 울었다. 웃고 있는데 눈물은 하염없이 흐른다. 집이 들썩거리는 것 같았다. 눈물 빛으로 집안이 반짝거리는 느낌이었다. 토닥토닥 어깨를 두드리며 보상으로 다가온 임을 만난 듯 순간이 꿈만 같다. 사진과 당선소감문을 보내라고 하신다. 어떻게 써야하는지 상상도 안 해봤던 글을 써야한다. 사진은 어떤 것을 보내야 하는지 새로 찍어야하는지 통화를 했음에도 전전긍긍하고 있으니 마음

편하게 예쁘게 잘 쓰라며 문을 닫아주는 딸이다.

그림에 대해 알지 못하지만 가끔은 전시회장을 찾는다. 부드러움을 느끼는 작품과 각이진 듯 날카로운 작품, 밝은 빛과 어두운 빛의 바탕색으로 그림전체의 경중을 느끼게 하는 작품이 어우러진 전시장이다. 물론 주제에 따른 작가의 입지를 그려놓았으니 당연한 것이나 한참을 머물다보면 마음이 편안해짐을 느끼곤 하므로 나의 경우는 밝고 부드러운 작품 앞에 오랫동안 머무는 편이다.

문학에 대해 특별한 수학을 한 것은 아니지만 이전부터 나를 모르는 사람으로부터 글에 대한 평을 듣고 싶었었다. 차이가 있겠으나 글과 그림은 같은 맥락이라는 생각을 했었다. 의도한 것처럼 편안함을 주는 글을 쓰고 있는지 정곡을 찌르는 날카로운 글을 쓰고 있는지 궁금해서이다. 등단이라는 단어를 떠올림만으로도 버거웠었고 그것은 나와는 해당 없다는 생각이었으니, 딱히 상대를 정한 것도 아니지만 '내 글 좀 읽고 느낌을 부탁드려도 될까요?'라는 가슴속 말이 있었다.

작가들의 프로필은 소상히 알 수 있도록 표기되어 책 첫 장을 열면서 눈에 띈다. 제목을 읽은 뒤 많은 프로필을 보면서 난 한 개만 있었으면 좋겠다는, 언감생심 그러한 생각을 했었는데 처음으로 생긴 신인문학상 수상이라는 한 줄의 프로필은 영광, 또 영광스러운 기쁨이다.

잠시 동안만 자만해도 될까? 잠시 동안만 기뻐해도 될까? 그동안 문예대학을 다니면서 헛걸음은 안했다고 안도의 숨을 쉬어 봐도 될까? 심사하신 그분들이 차후에 내 글을 보실 때가 있다면, 잘 썼다는 말씀들을 하실 수 있기를 바라는 간절한 마음이다. 첫술에 배부름을 생각하듯이 어불성설이겠지만 내심 꿈을 키울 수 있던 고마운 시간은 밑거름이 되었다.

그리고 6년의 시간이 흐른 지금 나는 수필집을 내려고 원고들을 퇴고 중이다. 수필집을 내는 이유는 특별히 없다. 취미이기도 하지만 순간들을 써 놓았으니 내가 걸어온 삶인 것이다. 나의 자취를 묶어놓으려는 안일한 생각을 하면서 동안의 것들을 묶는다는 생각이었다. 하지만 막상 책을 낸다고 생각하니 부끄러움도 고민도 되고 있다. 어느 순간은 후회를 하기도 했다. 화려한 수식도 없고 깊게 파고드는 지식인의 글도 아닌 일상의 평범한 이야기들, 이럴 때는 오히려 나를 대표하는 이름이 없음이 참으로 다행이기도 하다. 삶이란 예기치 않은 일상의 연속이기에 살아볼만 한 것이라던 누군가의 말이 떠오른다.

6년 전 전송을 누르고 또 눌러대던 오기가 없었다면 아니 부정하고 싶어서 발버둥 치던 그토록 아픈 시간이 없었다면 그것보다는 아픔을 어루만져주시듯 꿈을 심어주신 그분들이 아니었다면, 내가 수필을 쓰고 수필집을 낸다는 것은 꿈도 못 꿀 일이었다.

거스름이 아닌 수긍으로

잠에서 막 깨어 거울을 보는데 칙칙함이 묻어있는 얼굴이다. 아침에는 비누나 폼을 사용하지 않는 편인데 오늘은 폼을 집어 들었다. 하얀 거품이 일고 있는 얼굴은 세수를 하며 다시 원색을 찾아간다. 흐린 날씨만큼이나 가라앉은 기분으로 얼굴을 보고 있노라니 미간의 주름 또한 선명한 것이 거슬린다. 그것들을 감추려 화장대 앞에 멈춘 시간이 길어진다. 수십 년을 바라본 화장대 거울 속의 자신이었다. 보다 마음에 드는 얼굴을 위해 오랫동안 머물렀던 젊은 시절과 현재에 머무르는 오랜 시간은 기쁨과 우울이라는 차이가 있다. 그동안 마사지를 잊고 살아온 탓일까 몰라도 화장이 뜨고 있다. 언제부터 이토록 건성이 되었는지 기억에도 없는 시간들을 탓할 때가 아니다. 두드리고 다시 두드리고 얼굴은 공매를 맞으며 꾸역꾸역 그것들을 먹고 있다.

눈썹은 그 많았던 가닥들이 하나씩 둘씩 소리도 없이 가출을 하더니 영영 돌아오지 않으려는가 보다. 펜슬을 쥐고 그려나가며 조금 더 진하게 조금 더 길게라는 스스로의 주문에 짜증이 나는지 숯덩이가 되어 문질러댄다. 허옇게 내미는 민둥산에 초승달을 그려야할지 그믐달을 그려야 할지 결론을 내리지 못한 채, 마스카라 뚜껑을 열었다. 한두 번 올렸다 내렸다 반복하면 길고도 검은 속눈썹의 결에 미소 짓고는 했는데 언제 이렇게 짧아졌을까. 서너 차례 솔질을 해도 뭉치고 짧기만 한 그것은 눈의 초점을 살리지 못하고 있다. 반복을 거듭하다가 마지막 솔질에 눈을 푹 찔렸고 '앗!'하는 소리와 동시에 손이 멈췄다. 검은 눈물이 흐르는 공포의 얼굴을 완성이라도 시키듯이 눈은 충혈되어 간다.

아내요, 엄마요, 며느리라는 이름표를 달고 살다보니 이미지 관리를 해야 하는, 나이가 준 과제를 모르는 바 아니지만 박박 문지르듯이 세수를 하고 외출을 했다. 반복되는 먹구름으로 비라도 내리면 우산을 푹 눌러쓰리라 생각했는데 화창해진 날씨가 부담으로 다가온다. 오가는 사람들의 표정이 밝아졌지만 아는 사람들을 마주칠까 땅을 보고 걷는 길이 멀게만 느껴질 때 누군가 말을 걸어온다.

기억에 없는데 나를 소상히 알고 있는 이 사람은 누구일까? 내가 기억을 못하는 것이라면 이것처럼 큰 실례는 없는 것이다. 순간, 누구일까를 고민하지만 전혀 기억이 나지 않으니 너무도 답답하다. 나이가 들면 기억력 또한 감퇴한다고 하는데 벌써부터 이런 징조가 내게 오는 것일까? 갱년기로 접어들며 우울증을 앓는 이도 피로감에 만사가 짜증난다는 이도 한겨울에 식은땀을 흘리는 이도 홍조현상을 띄는 이도 그 외에도 여러 증상으로 힘들어하는 사람들을 보아 온 터이다. 기억력이 떨어짐은 많은 요인이 있지만 나이를 먹은 후는 병으로 보아야 한다는 말을 들은 적이 있었다. 나의 경우 특별한 증상을 겪지는 않았으나 나이를 먹어가며 찾아오는 기억력의 감퇴를 인지하지 못한 것은 아닐까.

상대는 나를 지켜보던 중이었을까? 그렇다면 어떤 이유일까 몰라도 당황의 기색은 보이지 말자는 생각을 하며 차분한 어조로 물었다.

"전혀 기억이 안 나는데 나를 어떻게 그리도 잘 알고 계신지요?"

20년 전에 내 가게 손님으로 처음 왔으며 나중에는 남자사장님만 계셨는데 오가며 가게안의 나를 주시했었고 가끔은 길에서도 마주쳤었다는 것이다. 그 오랜 시간들을 누군가 나를 주시했었음에 의아했다. 전혀 느끼지 못했던 타인의 시선을 느낌조차도 없었음을 어떻게 이해를 해야 할까. 행인들과 손님들을 늘 의식한다는 것은 힘든 일이지만 한해 두해 나이를 먹어가며 흐려진 시야를 탓해야 하는 것일까? 점점 다가오는 자태가 낯익은지라 반색을 했다가 무안했던 순간이 있은 후로는 외면하며 지나치던 시간들이었다. 하지만 간혹 스쳤다면서 이렇게 말을 걸어 올 때면 어렴풋한 기억은 남아 있어야하지 않을까?

수십 수백 수천도 넘는 발자국마다 무엇을 남기고 있었을까? 블록의 틈 사이를 비집고 나온 풀을 보다가 신기함을 느꼈던 것은 꽃이 피었다는 것이었고 가로수 밑동에 소복소복 자라난 꽃의 도란거림을 들으려 쪼그려 앉았던 시간들, 코스모스의 하늘거리는 자태를 보느라 가던 길 멈추고 돌아서면서도 나는 늘 소녀라는 생각으로 살고 있었다. 그 시절의 모든 것이 영원히 내게 머문다는 생각이었다. 나이 들며 찾아드는 불청객은 나와는 거리가 먼 것이 아닌 상관이 없다는 생각뿐이었다. 친구처럼 지내고 싶었는데 말을 꺼내기가 힘들었다는 그녀와 대화를 나누며 의식적인 미소를 지었으나 상대방을 확실히 알기전이니 마음을 열지도 않고 나름의 방어벽을 세우는 자신이다.

잔재해있는 의구심은 성격일수도 있겠으나 이 또한 나이를 먹으면서 모진세월만을 기억하며 생긴 의심증의 발단일까? 오늘따라 몸도 마음도 낯선 타인같이 느껴진다. 난 누구인가? 나는 누구이고 너는 누구인가를 자문하며 초점 없는 시선을 허공에 뿌릴 뿐이다.

태양은 먹구름을 헤치면서 걸었음에도 아름다운 노을을 만들어 놓았다. 버거운 시간을 만나며 안주했다면 저토록 황홀한 빛을 발산하는 고지는 그에게 없었고 당연히 감탄의 찬사도 들을 수 없었으리라. 나또한 주름을 감추려 하기보다는 흐릿한 시야를 두둔하듯 외면하기보다는, 어떻게 나아가야 하는가를 고민해 봐야하는 것이 아닐까. 거스름이 아닌 수긍으로 살아가야 하는 인생길인 것을 이제라도 인지했다면.

배고픈 시인

어느 시인의 출판기념회에 다녀왔다. 글 쓰는 분을 만난다는 것부터 설렘인데 특히 시인을 만날 때는 그 행복이 배가 되는 것 같다. 어린 시절 선생님은 화장실도 안 가는 신비스런 존재라고 알았던 것처럼 시인의 머릿속이며 가슴은 온통 아름다운 시구로 차있기에 잠시 대화를 나누기만 해도 내게 전가되는 것 같아서다.

버스와 전철을 갈아타며 몇 시간을 가야하는 곳이다. 나의 일을 팽개치고 아직 이른 시간 임에도 만남에 대한 부풀음으로 걸음을 재촉한다.가끔 소나기가 내리는 대기 불안정한 요즘이다. 어제 만해도 몇 차례의 소나기가 내렸고 잠시 뒤는 햇빛이 강렬했기에 양산을 챙겼지만 제발 오늘만큼은 참아주었으면 하는 바람이다. 장소가 실내라도 행사일의 일기는 관심사인데 오픈 된 곳에서 진행을 하기로 되어있는 상태다. 다행이도 오전에 흐렸던 날씨는 오후가 되면서 맑게 개었다. 시원한 바람이 불고 그리 뜨겁던 태양도 한풀 숨을 삭이니 길을 지나던 행인들도 부담 없이 모여들고, 축하를 하기 위해 발걸음을 한 사람들의 밝은 표정들로 북적이는 축하의 장에 있음이 더 없는 행복감을 주고 있다.

작가의 사인을 받아 지인에게 선물도 할 요량으로 서점에서 책을 미리사오고 말 한마디라도 놓칠세라 앞줄에 자리를 잡았다. 책을 읽으며 이해가 되지 않는 부분을 만났을 때 나름대로의 해석을 하다보니, 엉뚱하게 연결되며 작가의 의도와는 전혀 다른 뜻으로 이해를 한 적이 있었다. 이메일로 질문을 하기에는 긴 시간을 요하는 것이라서 선뜻 내키지 않는 그런 것 말이다. 나중의 그러한 순간을 대비해서 친구의 친구인 시인의 전화번호를 여쭤보리라는 생각이었다.

시인과 사회자의 대화가 이어지고 있다. 사회자의 질문과 시인의 답변이 일치되지 않는 느낌이기에 내가 이해를 못한다는 생각인데 반복되고 있다. 관중을 재밌게 하기위한 의도 된 각본이 아닐까하는 생각이 들며 폭넓게 이해를 해보려 골몰해보는 시간이다. 관중석에 있던 남자분의 질문이 이어졌을 때도 사회자의 재치로 화재를 바꾸는 느낌을 받았다.

무엇일까? 추상적인 시를 쓰는 시인은 아니었다. 그러함에도 대답은 추상이 아닌데 이해를 못하는 자신이다. 추상적인 시를 쓴다고 늘 추상적인 대화를 나누는 것도 아니다. 우리의 주식이 쌀이라고 늘 밥만 먹는 것은 아닌 것처럼, 특히 질문에 대한 답에는 추상의 개념이 딱히 필요 없다는 생각이 들었다. 내가 무식하니 이해를 못하는 것이지, 에그 무식한 같으니라고, 공부해서 남 주니. 배움을 위해서라도 전화번호는 꼭 필요하겠다는 생각과 동시에 친구를 통해 차 한 잔 마시는 기회를 부탁해야겠다는 생각을 하면서도 찜찜한 무엇인가 남는다.

옆 사람에게 물었다.

"혹시 저만 이해를 못하는가 싶어서 그러는데요 이해가 되시나요?"

"아니요, 저도 이해가 안 되네요."

동조한다는 듯이 뒤쪽에서 약간의 술렁임이 느껴지는 것 같았지만 돌아보지는 않았다.

작가는 사인을 시작했다. 사인을 받는 사람들이 생각보다 빨리 줄어들기에 숙달됨일 것이라고 느끼며 멋지다는 생각을 했는데 다가서고 보니 달리 보인다. 내 독자일수도 있지만 예비독자일 수도 있는 사람들인데 내민 책에 서둘러 사인을 할뿐 고개를 들지 않는다. 본인의 출판기념회에 온 사람들인데 감사한 마음으로 고개를 들고 미소 정도를 지을 수는 없었을까? 혹 내가 한 눈을 파는 사이에 고개를 들었었을까? 지금 이곳에 있는 사람들은 시간을 쫓는 것이 아니라 작가를 만나려고 온 것임을 배려할 이유는 없는 것일까?

내 차례가 되어 책을 펼치며 내밀었다. 말씀드릴 것이 있는데요. 말씀하세요. 사인을 하며 여전히 고개를 숙이고 있는 그 사람이다. ㅇㅇ라고 친구 분 소개로 왔어요. 같이 오다가 급한 일이 생겨서 되돌아갔는데 축하한다고 미안하다고 다음에 만나서 차 한 잔 하자고 전해달랍니다.

"네~."

"실은 말씀 드릴 것이 있어서 꼴찌로 남았는데요."

"무슨 말씀을……."

형식적인 대답을 하면서도 고개를 숙이고 있으니 순간의 내 심정을 황당이라고 표현하면 이치가 맞아 떨어지는 것일까 싶었다. 각인시키고 연락처를 물으려 했던 나는 망설이고 있다. 무엇인가 질문을 했을 때 지금 같은 대화가 이어진다면 생소한 외국어를 접하듯 어안이 벙벙할 것 같은 민망한 순간을 맞이할 것 같은 생각이다. 더 이상 말이 이어지지 않음에도 궁금해 하지 않는 상대방으로 인해 못 올 곳에 온 것처럼 당황이 되는 순간이었다. 더 이상 줄을 선 사람들이 없음으로 끝났다는 생각을 했는지 관계자들을 보며 밥 먹으러 가자는 말을 하고 있다. 물론 밥을 먹어야하는 사람이니 배고픔을 이해 못하는 것은 아니다.

출판기념회에 참석하며 일부러 마지막을 택한 독자와의 대화를 건성으로 넘기는 시인, 나의 신원이야 친하다는 친구의 이름을 거론했으니 그리 경계할 상대도 아니지만 초면에 궁금한 것이 있다면 시에 관한 것이라는 짐작정도는 할 수 있는 것이 아닐까? 내 친구인데 우리나라 100대 시인에 속해있는 사람이라며 출판기념회에 참석을 해 달라는 권유를 받고 선뜻 걸음을 한 이유는, 시를 좋아하고 시인을 좋아한다는 것이었으며 지인의 친한 친구라는 것이었지 100대 시인에 속하는 것은 관심 밖이었다. 그 시인이 출판기념회를 하는데 동행하자는 지인의 전화를 받았다.

"얼마 안 된 것 같은데 그 사이에 또?"

지인은 그토록 글과 사는 친구라며 자랑을 하고 있는데 말을 잘랐다.

"그토록 자랑을 하던 너의 친구는 나의 눈에는 육신의 배가 고픈 사람이지, 영혼을 갈구하는 아름다운 시인은 아니더라~."

소설가의 강연을 다녀와서

○○소설가의 강연이 있다는 소식이 어찌나 반갑던지 일주일 전부터 달력을 보고 또 보다가 동그랗게 표시를 하게 되었다. 날자가 다가옴에 혹시라도 깜빡 하던가 다른 일이라도 생기면 후로 미뤄야 한다는 생각에이다.

당일이 되었다. 작은 노트와 펜도 세 자루씩이나 챙겼다. 혹시라도 옆 사람이 필요로 하면 나눠줄 생각으로. 강의내용을 최대한 많이 적어오리라 생각하니 벌써부터 분주함으로 설레는 마음이다. 젊은 스타일의 옷차림을 하신 분이 단상을 향하고 계실 때 나처럼 학수고대 하셨을 많은 분들의 힘찬 박수소리가 강의실을 울리고 있다. 강의 시간이 좀 흘렀을 때 나는 시간이 아깝다는 생각이 들며 '왜? 왔을까?'하는 생각이 들었지만 기다림도 없이 수확을 하겠다는 성급한 심보를 나무란다. 그분의 경력과 수상실적을 사회자가 소개하고 단상에 오른 초대인사가 또 하고 자신이 또 하고 있다. 물론 유명한 분이니 당연한 것이겠으나 토시정도만 틀릴 정도로 같은 내용을 세 차례나 연속적으로 반복함에 '와~'하던 감탄의 순간이 묻히고 있음이 안쓰럽다.

책이 아주 많이 팔렸다고 하신다. 고뇌하며 완성시킨 글들을 찾아주는 독자가 많다는 것은 작가로서는 뿌듯함만이 아닌 생활의 활력소이다. 마치 자신들의 일인 듯 '와~'하는 감탄과 박수소리가 다시 이어졌고 나 역시 손바닥이 아프도록 박수를 쳤다. 앞으로 집필할 책의 내용을 설명하시더니 어떤 이름을 거론하실 때 '그분의 자서전에 동참하시나 보다.'라는 생각은 빗나가고 있었다. 특정인과 가까운 사이임을 강조하신다. 어떤 정당을 지지하는 것으로 그치는 것이 아니라 상대당의 특정인과의 비교로 일반적인 강의가 아닌 정당의 연설을 듣는 것 같다.

글을 쓰면서 이음새가 매끄럽지 않으면서 겨우 되어간다 싶으면 마음에 들지 않아 수정을 번복하는 요즘, 나는 소설가의 강연을 들으러 온 것이지 그분의 정치성과 자랑을 기대하고 온 것은 아니었다. 시간은 흐르고 있는데 도대체 무엇을 적어야 하는지 메모지는 여전히 공백으로 남아있으니 무언가를 얻어서 돌아가리라는 기대가 시름거리고 있다. 꾸벅이며 조는 사람들이 늘어 가는데 여전한 목마름으로 이제나 저제나 고대를 하다 보니 짜증이 밀려온다. 최소한의 예의를 차리던 자세가 흐트러지고 있다. 뻐근해오는 고개를 돌린다. 단상에 강사로 올랐으면 강의에 초대된 문학을 사랑하는 사람들에게 무언가 깨달음을 주어야 하지 않았을까? 설령 소개를 한다면 간단히 하고 본론으로 들어가야 하지 않았을까? 혹, 주제에서 의도치 않게 빗나간 시간이라면 할 말은 많은데 시간상이라는 치레적인 맺음이 아닌 핵심의 한 부분을 언급해 주셨더라면 돌아와서 곰곰이 되짚어 보련만.

바람이, 가을바람이 불고 있다.

일요일이라 문을 열지 않은 상가들은 당연함으로 생각하는데 어떤 상점 하나가 눈에 들어왔다. 그 옆 상점들은 세를 지불해야하는 세입자이지만 저 곳은 건물주가 하는 상점이니 그런 부담이 없을 것이다. 가을철인지라 주말이면 산행이나 여행으로 많은 사람들이 자리를 이동하는데 나 역시도 그런 마음이 없는 것은 아니나 가게를 향해 걷고 있는 중이다.

몇 해 전 늦가을, 아무런 생각 없이 이거리쯤을 걷고 있을 때 갑자기 회오리바람이 일고 있었다. 회오리바람은 눈이나 입으로 먼지가 들어오던지 머리카락을 날리는 것도 모자라서 옷 위로는 뽀얀 흔적을 남긴다. 특히 검정색옷이나 구두는 더욱 그러하니 당연히 눈살을 찌푸리며 물러서다가 나도 모르게 탄성이 나왔다. 바닥에 떨어진 낙엽들이 빙빙 돌며 동그라니 모여들어 한 다발의 꽃모양을 하더니 바람을 타고 오르면서 화환처럼 길게 솟구쳤고 잠시 아주 잠시 정지된 상태로 있었다. 바람과 낙엽들의 어우러짐 일뿐인데 마음을 빼앗긴 채 바라보았다. 토네이도를 연상케 하는 강한 회오리로 인해서, 낙엽이 어우러지며 꽃다발을 형상 화 함이 신기한 정도가 아니라 신비스럽기까지 하다.

와! 꽃다발 같아. 왠지 좋은 일이 생길 것 같으면서 기분이 좋아졌는데, 후일 잊을 수 없는 내 인생에 특별한 좋은 날을 맞이했었다. 오늘도 낙엽은 펼쳐놓은 듯 곳곳에 누워 살랑거리는 바람결에 춤사위를 벌일 듯 나풀대며 시선을 끌고 있다. 일요일이니 쉬어야한다는 생각은 이미 접었지만 쓸쓸한 마음을 달래려 사색으로 접어들며 한 다발의 꽃과 화환 앞에서 미소 짓던 오래전 나의모습을 떠올려본다.

시댁의 생활비며 병원으로 수월찮게 들어가는 돈으로부터 순간만이라도 벗어나고 싶은데 생각은 돌고 돌아 원점으로 치닫고 육남매의 맏며느리라는 이름은 심적으로 물적으로 나를 압박해온다. 맏이재목은 따로 있다고 했는데 많은 것을 포용하며 베풀 수 있는 기본적인 마음이 그 첫 번째이다. 포용하기에 내 가슴은 너무도 좁고 베풀 것이 없는 빈손의 나인데 어떻게 이 난관을 헤쳐가야 하는 것일까. 터벅이며 걸어왔음에도 멀지않은 곳에 나의 가게가 보인다. 심호흡을 한다.

이렇듯 울적한 마음으로 들어서기가 싫다. 나는 왜 가게를 가는 것인가? 시간이 많아서도 할 일이 없으니 심심해서도 아닌 손님을 만나러 가는 것이다. 문이 열리는 순간부터 마주해야 하는데 거울을 안 봐도 느낄 수 있는 일그러진 얼굴은 상대방의 기분마저 흐리게 할 것이니 차라리 없는 것만 못한 순간일 것이다. 그냥 들어갈 수도 왔던 길을 돌아 갈 수도 없는 어정쩡한 상태가 되어 즐비한 건물들의 비웃음을 끌어안으며, 뜻과는 다른 인생인 것을 모르는 바도 아니면서 더욱 위축이 되는 자신이다.

모든 기쁨은 타인들의 것이고 세상의 온갖 시름이 내 것이라고 누군가 말을 해 준적도 없다. 그러함에도 나는 왜 무기력한 것일까? 역경을 헤쳐 나가려 하는 것보다는 엄살을 부리며 누군가 나를 동정하기를 기다리고 있는 것일까? 누군가 나를 안쓰럽게 여겨준다면 아무것도 아닌 자존심을 들먹이며 속상해 할 것이면서, 그런 이유로 함구를 하는 자신이면서…….

그렇다면 도대체 원하는 것은 무엇인가? 되돌릴 수 있는 인생이 아니라면 수긍하며 걸으면 될 것인데 오늘따라 유독 칙칙한 마음이다. 모든 생각을 접고 잠시라도 혼자만의 공간에 머물며 울다가 웃다가 그마저도 안 되면 소리라도 지르고 나면 속이 풀릴까? 그래, 생활에 지친 자신을 나무라기보다는 혼자만의 공간에서라도 자신을 사랑으로 보듬으며, 혹 가식일지라도 어떠한 자문에도 긍정으로 자답하며 칭찬해주는 재치가 필요한 것인지도 모른다.

신호등이 바뀌려 할 때는 거리가 좀 있어도 뛰는 편이다. 잠시 쉬어간다고 생각하면 될 일이지만 기다리는 시간이 아깝다는 생각이 들어서인데 오늘은 바라다 볼뿐 급하게 뛰지 않는다. 정지를 명령하는 붉은 신호등이 바뀌기를 조바심으로 기다리지도 않으며 태연히 서있다. 이곳저곳 찢겨진 플라타너스 잎이 차의 꽁무니를 쫓더니 놓치고 풀쩍거린다. 풀쩍이다가 놓치고 다음차를 따라서 다시 풀쩍이다가 떨어지고……. 초록빛의 점등으로 많은 사람들이 뿔뿔이 흩어지기를 여러 차례 반복되었지만 그저 서 있을 뿐인 나의 눈이 순간 크게 떠졌다.

아름답다. 나풀거리는 나비 떼를 보는 것 같다. 산산이 조각난 낙엽이 나비 떼로 승화하며 다시 차 꽁무니를 따르다 놓치고 아스팔트

위에서 풀쩍일 때 이내 웃음이 나왔다. 일요일이면 하이킹을 즐기던 그이가 웃으며 커피 병의 뚜껑을 돌리고 있지만 느낄 수 있는 이면이다. 앞서 나오면서 어쩌면 나보다도 더욱 무거운 마음으로 터벅였을 모습이 짠하게 다가온다. 커피 잔에 물을 부으며 다시 상념에 젖어든다.

"와, 나비다 나비."

"커피 잔에 나비라고?"

"포말처럼 작은 나비 떼가 가득해."

"이건 기포야 안경 쓰고 다시 봐."

"나비라니까……."

"네~, 마님."

엉뚱한 고집에 석연찮음을 느꼈는지 타박이 아닌 맞장구를 치며 나의 이면을 읽어가려는 동반자다.

"……."

"?"

"와~, 진짜 나비 떼다."

"어디, 어디?"

"왕나비가 몸을 풀고 있잖아."

도로가에 즐비한 낙엽들을 가리키는 나의이마에 그이의 손가락 끝이 살짝 닿았다.

"저것 봐, 폴짝폴짝 포르르. 폴, 폴짝. 포르르."

가을바람의 강, 약을 따라하는 사람, 헛헛한 서로의 마음을 감춘 채 마주보고 웃으며 그렇게 하루를 열어간다.

제14기 포천문예대학을 수료하며

이사라는 직함으로 박혜자 포천문인협회 회장님과의 시간들이 4년째 쌓여간다. 살짝 언급해보면 매사에 얼마나 정성을 쏟으시는지 우리임원들 역시 분주했던 시간들이다. 개강과 종강이 있는 날, 푸짐한 별미를 선보이셨음에 수강생들과 화기애애한 맛난 시간들을 마주했다. 주부의 입장에서 보았을 때 음식을 하고 밤이면 끙끙 앓는 소리를 하셨을 것이고 행사가 끝난 후는 긴장의 끈을 살짝 놓으며 여백의 시간을 침대위에서 보내셨을 것이라고 가히 짐작을 한다.

오십 여명을 태운 버스는 강원도 인제에 있는 박인환 문학관을 향해 바퀴를 굴리기 시작했다. 수강생들은 약 한 달간의 짧은 만남이었으나 교수님들의 명 강의로 보람된 시간들이었다는 말씀들을 하셨다. 시적 언어와 상상력을 주제로 첫 강의를 시작하시는 이병헌 대진대 문예창작과 교수님을 바라보는 수강생들의 열기가 대단하다. 쉬고 있을 저녁시간임에도 빛나는 눈빛으로 밀려드는 어둠은 묻히고 열정의 꽃이 피는 강당이다.

요즘 수필을 쓰면서 고민 중이었는데 어려운 단어를 찾아 유식한 척 쓰기보다는 편한 글을 쓸 때에 독자들 역시 편하게 읽는다는 강의가 가슴을 적신다. 교수님은 2011년도 경기문학신인상을 받으며 처음 뵈었던 김건중 소설가님이시다. 상을 받을 당시 경기 문인협회 회장님이시던 그날도 문인의 길에 대해 말씀을 하실 때 구구절절이 마음에 와 닿았는데 오늘도 이토록 귀중한 말씀을 해주심에 동행하신 사모님이신 현, 경기문인협회 이예지 회장님께 진심으로 감사의 인사를 드렸다.

작년에는 「엄마는 그래도 되는 줄 알았습니다」 라는 시를 낭송하실 때, 그 깊이에 빠지며 눈물을 닦고 또 닦았었기에 "교수님 올해도 또 울리실 것인가요?" 여쭈니 교수님 말씀은 "올해는 선생님이 저를 울리세요!"하시면서 수업을 시작하셨는데, 올해 역시도 모두를 압도하시는 강함과 부드러움으로 이어진 공혜경 낭송가님의 강의시간이었다.

시인, 소설가, 수필가, 문학평론가, 동화작가, 출판사 사장, 문단 회장님, 고려대 평생교육원 교수님 등, 명칭을 무엇이라 불러드려야 좋을지 망설여지는, 쩌렁하니 강의실을 흔드는 김순진 교수님의 "깻잎 밑장을 지긋이 눌러주는~" 시구를 접하며 내게 있어 그러한 사람은 누구인가를 의미해보며, 신인상을 받던 당시 좋은 글 많이 쓰라고 하시던 격려의 말씀을 기억한다.

포천예총과 포천문인협회 탄생의 역사를 말씀하시는 포천문인협회의 고문님이신 이석구 선생님이시다. 문인들과 예술인들이 그리 흔하지 않았던 오지 아닌 오지 같은 포천을 위해 많은 분들의 노고가 크셨음을 말씀하시는 선생님에게서 연세는 느낄 수 없었다. 밤을 새워도 될 듯 강건하신 선생님의 끝없는 말씀을 시간상 줄여야했으므로 수강생들도 선생님도 아쉬움으로 남긴 채 종강파티로 접어들었다.

박인환 문학관에서 친절과 세세함을 겸비하신 해설가님으로부터 설명을 듣고 나오면서 우리 포천에는 이러한 문학관이 없음이 안타깝고 그곳이 부러움으로 남는 시간이었다.

백담사로 오르는 버스를 타기 전 지도를 보면서 수십 년 전의 설악산 대청봉 등반이 떠오른다. 해수욕장을 가던 중 설악산 초입을 잠깐 둘러볼 예정이었는데 길을 잘 못 들어 산행을 하게 되었다. 누군가의 장난으로 이정표를 돌려놓은 탓이었음을 뒤에 알았지만 당시는 가끔 그러한 장난을 하는 사람들이 있었다.

걸어도, 걸어도 인적이 지난 흔적은 없고 아래는 까마득한 절벽뿐이다. 보슬비가 내리며 미 끌 거리는 비탈진 길을 모두들 긴장으로 무사히 나왔을 때, 한 친구는 대청봉을 코앞에 두고 도저히 못 간다며 포기를 선언하며 기다리기로 하고 넷은 대청봉을 다녀온 뒤 행로를 결정해야 했다.

"하산을 해서 해수욕장으로 갈 것인지 이만큼 왔으니 등반을 계속 할 것인지 하는……." 결정 말이다.

산행을 유지하면서 우리의 배낭에 다람쥐가 들어가는 것을 목격하고 한 친구가 배낭 입구를 틀어쥐었다. 한 친구가 손을 얼른 넣으며 다람쥐를 잡으려다 물리면서 피가 줄줄 흐르는데 귀엽고 예쁜 다람쥐의 이빨의 힘과 깊이를 알게 되면서 우리는 더욱 긴장되었지만 이십대의 오기였을까 몰라도 돌아가면서 손을 넣었다가 빼면서 상처가 나는데도 멈추지 못하는 우리들이다.

이번에는 내 차례다. 왼손으로 배낭 밑의 다람쥐를 누르며 오른손을 배낭 속으로 넣고 다람쥐의 꼬리를 움켜쥐었는데 안간힘으로 버티는 다람쥐, 나 역시도 있는 힘을 다해 끌어당겼다. "어머나, 어떻게 하지." 실랑이 할 때와 다르게 나는 그만 울상이 되었다. 다람쥐의 꼬리가죽이 그만 벗겨져 나온 것이다.

미안해서 다람쥐에게 너무도 미안해서 그를 놓아주며 우리가 갖고 있던 라면을 던져주고는 다람쥐의 꼬리를 돌아가며 만지작거리다가 책갈피에 끼워 넣었던, 대청봉에서 천원을 주고 사먹었던 사이다 맛처럼 상큼 달콤한 추억이 떠오르는 순간, 지난날이 너무도 그리워 아련한 외로움이 밀려들었지만, 버스는 개의치 않고 구불거리는 길을지나 역사의 한 페이지를 기억하는 백담사로 들어섰다.

초입을 막고 있던 의경들과 시민들의 목소리는 간데없어도 기억속에 스크린 되어있는 당시의 모습들을 떠올리며 약수터 앞에 섰다. 설악산 약수는 철분이 많아 욕심내어 너무 마시면 설사를 한다는 말이 어렴풋이 떠오른다. 모든 것에 욕심이 과하면 그 또한 탈이 난다는 교훈을 상기하는 시점에 옛날 하고는 다르게 느껴지는 물맛이다. 물맛이 변한 것인지 나의 입맛이 변한 것인지 알 수 없지만 말이다.

수학을 하면서도 문학기행을 와서도 느낄 수 있는 찬미하고 싶은 아름다움이다. 개개인의 장기를 보면 열심히 살아가는 모습이 상상이 되니 이 또한 기쁨으로 다가선다. 열정을 가슴가득 담아놓아 행복의 미소를 짓게 하는 분들이 포천문예대학 14기를 같이 수학한, 문학을 지향하는 분들이기에 더더욱 행복을 느끼며 그분들의 문운을 조심스레 기도드린다. 배움에 끝이 없음은 누구나 알고 있는 이론이겠으나 배움에는 나이가 아닌 도전하는 자세가 필요한 것임을 새삼 느끼는 수강이었다.

프로필을 열거하려면 A4용지 한바닥이 훌쩍 넘고도 턱없이 모자라는 교수님들이셨다. 문학인 양성을 위해 시간을 내어주심에 수강생의 한 사람으로 감사의 마음 올리며, 열강하시는 시간 미처 깨닫지 못한, 지금은 알 수 없는 무한함이 어느 순간 내게서 발효될 그날을 고대해본다.

백운선

서예학원을 오랫동안 다니고 있는 지인께서 주고 가셨다는 서류봉투를 열었다. 갸우뚱하며 납작하면서 긴 상자를 열어보니 부채가 들어있다. 청실과 홍실로 예쁜 매듭이 장식되어 있는 부채를 펼쳤는데 나도 모르게 감탄사가 나온다. 정원서예학원 원장님이시고 포천문인협회 이사님이신 주봉 장동원 선생님의 필체에 시선을 빼앗긴 채 한동안을 바라보고 있는데 익숙한 시가 그린 듯 적혀있는 것이다.

나도 까마득히 잊었던 시를 찾느라 집에 오자마자 책꽂이를 훑으며 찾아보니 2011년도 『포천문학』 제13집에 올린 것이다. 6년 전의 책을 펼쳐놓고 미숙한 글에 한 자 한 자 정성으로 써주셨으니 감사한 마음과 쑥스러움이 교차한다. 너무 좋아서 가족들에게 보이며 자랑을 한 뒤 장식장에 넣어두고 다음 날 전화를 드렸다.

"이사님! 뜻밖의 선물 감사드립니다."

"혹 마음에 드시나 모르겠네요."

너무 좋아서 장식장에 넣어 두었다고 말씀드리니 헤지면 다시 만들어 주시겠다는 말씀이시다. 뜻밖의 선물도 나의 마음을 헤량하심도

참으로 기쁘다. 요즘은 시설마다 에어컨을 사용하는 시대이고 보니 부채가 뒤로 밀린 것은 사실이다. 간혹 길거리에서 홍보용 부채를 받으면 순간은 햇빛가리개로 쓰기도 하지만 어느 날 자취 없이 사라지는 물건이다.

전철에서 책을 읽는데 지팡이 집은 풍채 좋으신 할아버지께서 옆에 앉으시더니 부채질을 하신다. 며칠 전 출판기념회에서 받아온 두툼하기도 하고 3권으로 되어있는 전집을 빨리 읽어보고 싶어서 핸드백의 끈이 늘어질 것을 감안하면서도 넣고 외출을 했던 터이다. 부채가 책모서리에 부딪히기에 책을 조금 옆으로 밀었는데 부채의 반경이 넓어지며 계속 따라오며 부딪기도 하지만, 머리카락을 날리니 턱이며 얼굴로 오는 불편한 순간이 반복된다. 두어 차례 슬쩍 보다가 다시 책을 보다가 고개를 들어 먼 쪽을 바라보았다. 책은 읽어야겠는데 여유분의 자리가 없는 어수선한 전철이다. 책을 덮으려다가 말씀드렸다.

"전철에선 시원해서 부채질 안하셔도 돼요."

"부채가 자꾸 거슬리지요?"

모르시는 줄 알았는데 안절부절 하는 모양새를 보시며 더구나 제지를 하고 있으니 짐작을 하신 것 같다.

"네? 그것보다는 부채질 오래하시면 팔도 아프지만 손아귀도 아프세요."

"그런 것을 어떻게……."

저희 할아버지께서 늘 부채를 들고 다니셨어요. 아이들이 자려면 부채질도 해주시구요. 그런 다음은 꼭 팔이 아프다고 손이 아프다고 하셨거든요. 그 옛날은 여러모로 쓸모가 있는 부채였다며 부채의 활용도를 이어가시기에 잠시 동안 대화가 이어지며 호흡하던 날들이 새삼스럽다. 요즘의 세대들이었다면 이어질 수 없는 대화는 구시대와 신시대를 잇는 시간으로 오래전의 삶의 풍속을 떠올리게 한다. 당시처럼 필수품은 아닐지라도 더욱 소중함으로 가슴에 와 닿는 애장품으로 남을 것 같은 부채를 한동안 조물거리다 보니 서예를 배우고 싶은 생각이 든다.

전시장에서 웅장함이 느껴지는 작품을 접해보았고 묵화 앞에서 필체 앞에서 매료 된 적은 있었지만 이토록 설레는 이유는 원장님의 필체로 그리듯 써내려간 글이 나의 자작시라는 이유가 한몫을 하고 있는 것일까. 포천문예대학 14기 동문이고 20년을 웃음으로 인사하는 사이인 이상옥 님께 전화를 드렸다. 이토록 멋진 선물을 심부름해 주심에 감사를 드리며 언니 동생하자는 제안을 흔쾌히 수락하셨다. 세상에 단 하나인 멋진 선물 받아 기분좋은날 언니까지 생겼으니 훗날 부채를 마주하면 설렘과 감사함으로 어우러진 오늘의 행복을 기억할 것이다.

18년 전, 서예를 배우고 싶어 했던 기억마저 아득한데 배움을 상기시키시듯, 부채 살 사이, 사이 춤사위를 수놓아주신 시를 옮겨본다.

빛바랜 은행잎

가을이여
노란 집, 붉은 집, 푸른 집 다 지었으면 이제 잠시 쉬렴
바동대지 않아도 무채색으로 남을 여정
한 잎 두 잎 책갈피에 서리 내린 어느 날
빛바랜 은행잎은 추억으로 되살아나

변치 않을 우정을 약속하던 그 자리 서성이는데

묻어 나오는 외로움은 나를 기억하는
나무의자와 단풍잎 그리고
너의 애타는 마음이겠지

– 정유년 여름 주봉

장미와 가시

한두 번 서운함을 느끼던 날들이 쌓여갈 때도 이해하려는 마음이 었고 그를 미워하지는 않았으나, 사람은 상대적인지라 함구를 하다 보니 냉랭함 가득한 얼굴이 되어, 아닌 척 하며 호들갑 속에 너스레를 떨어보지만 전 같은 진솔한 대화가 아닌 형식적인 안부를 묻는 사이로 변하면서 예전의 정겨움이 사라지니 외로움 그득 밀려든다. 애초에 서운하다고 말하지 못한 나의 불찰이 그에게 잘못된 습성을 길러 준 것일까. 아니, 애초에 그런 표현을 했다면 오히려 경거망동을 했다는 자책이 들었을 테고 그는 자신을 비하한다는 생각을 했을 수도 있다. 자신의 뜻이 관철되지 않는다하여 마음을 꼭꼭 닫고 있는 사람, 상대를 이해하려던 것이 낳은 아집의 결과를 수습해야 하는 마음이 무겁고, 한편으로는 그리도 생각이 짧은 사람이라면 나또한 거부하고 싶다며 심사가 틀어지려 한다.

촛불을 켜놓고 외로움을 토로하고 나면 한결 나아지는 마음이나 성당엘 가지 않았다. 마음과 달리 갈 수 없는 입장이 되면서, 세상으로부터 외면당하듯이 느껴지는 쓸쓸함을 스스로 가눠야함은 고통보다 지독한 고독이었다. 사물이 아닌 사람으로부터 받은 상처의 깊이는 가늠할 수도 치유될 수도 없는 것일까? 고요하고 평화로운 곳을 찾아 여행길에 오르고 싶어 함은 현실을 도피하고 싶다는 내면을 그럴듯하게 포장한 것일까 모르겠으나 그러한 곳을 찾느라 생각이 깊어졌다. 약수터, 산, 수목원……. 이곳은 이래서 저곳은 저래서라는 이유로 그것들을 외면하고 다시 깊어지는 생각이다. 단기간이 아닌 장기간을 정해놓고 '산으로? 바다로? 외국으로? 국내로……?' 그곳들마저도 썩 내키지 않을 때 문득 떠오르는 성당이다.

뜻에 어긋나지 않으려는 마음으로 살아갈 뿐인데 잔잔히 미소 지은 성모님과 예수님이 떠오름은 왜일까. 미사가 진행되고 있는 중에 하품도 안했는데 눈물이 흐르더니 닦아도, 닦아도 흐르는 눈물이다. 주임신부님께서 외국을 가셨음으로 보좌신부님의 약간의 코믹성으로 집전하시는 강론을 들으면서도 눈물이 흐르고 번민이 가득한 머릿속이다.

살아있는 그리스도인인가 자문하라. 외부에서 보는 우리는 그리스도인이다. 그리스도인이란 무엇인가? 세례를 통해서 견진성사를 통해서 주님께서 숨을 불어넣어주시며 하나의 생명체로 태어났다는 것이고 하느님께 택함을 받은 백성이니 도리를 기억하라는 말씀이시다. 진흙에도 숨을 불어넣어주시면 생명체가 된다는 강론을 듣고 있는 오늘은 성령강림대축일이다. 성령강림대축일이란, 스스로 원하신 십자가의 고난을 받으시고 돌아가셨으며 장사한지 사흘 만에 부활하시며 우리의 죄를 사하여주려고 오심을 기념하는 날이다.

머리에 면류관이 쓰이고 손에는 못이 박히고 옆구리는 창에 찔리는 고통을 기쁜 마음으로 감수하시면서 세상을 구원하려는 분의 모습에서, 소통의 부재를 서로의 탓으로 돌리고 있던 초췌한 인간의 단면이 느껴졌다. 마음먹기에 따라 세상은 희망도 절망도 될 수 있으며, 한발자국 더 물러서며 '네 탓이오' 가 아닌 '내 탓이오' 하고 말할 때에 마음에 평화가 올 것이라는 부사제님의 강론을 통해, 긍정적인 마음을 일깨우시려 오늘 특별한 날에 나를 부르심이셨을까?

미사가 끝나고 아기예수님을 안고계신 성모님 상 앞에 섰다. 감히 우러르고 성당을 나와서 싱그러운 거리를 걷고 있을 때 유난히 붉고 예뻐 보이는 장미가 눈에 들어왔다. 녹음 위에 우뚝 선 붉은 꽃잎들의 유혹에 걸음을 멈추고 사진을 찍으려 폰을 가까이 하다가 멈칫했다. 유혹을 한 것은 꽃이었는데 제 몸을 지키기 위한 가시가 유난히 눈에 들어온다. 누구나 생존법을 알고 있기에 만물이 세상에 존재하는 것이며 사람은 생존본능이 더욱 강하다. 나 역시도 생존본능을 이유로 장미보다 더욱 많은 가시를 지니고 있을 것이다. 장미가 제 몸의 가시를 다 알 수 없듯이 나는 셀 수도 없는 가시로 본의 아니게 울타리를 쳐놓고 있음을 인지 못하는 지도 모른다.

그가 좀처럼 마음을 열지 않았음은 나의 가시울타리로부터 자신을 지켜야한다는 스스로의 생존법은 아니었을까. 마음과 달리 다가설 수 없었기에 멈춰 버린 그의 시간들은 나보다도 더한 외로운 아픔이 아니었을까. 네 탓이 아닌 내 탓이었다고 말할 수 있는 용기도, 그리스도인의 자세도 결여된 채 터벅이는데, 제 몸을 보호하기 위해 다가섬을 제지하던 가시의 의미가 나를 돌아보게 한다.

도우미 선생님

두 아이와 아빠가 살고 있는 이혼가정이 있다. 퇴근 후 아이들과 놀아주느라 최선을 다하는 모습에 짠한 마음이 들기도 하지만 내가 해 줄 수 있는 것은 오가며 만날 때 건네는 웃음뿐이다. 무더운 여름날 아이가 젖은 수건을 손에 감고 나왔다

"왜? 자전거 닦으려고?"

"아니요, 옥수수 굽다가 손을 데었어요."

아빠가 출근한 뒤에는 동생을 거둬야하는 초등학교 저 학년생의 말이다. 동생을 챙기는 그 아이가 참으로 기특하다. 초등학교 2학년이면 그도 누군가의 손길이 필요한 아이임에도 행여 동생이 넘어지기라도 하면 물로 씻기고 아프냐면서 "호호" 불어주기도 하는 자상한 형이다. 인사성이 바른 그 아이를 뒤로하며 가던 길을 재촉했는데 아이 생각이 떠나지 않았다. 외로움이 묻어있는 소년의 얼굴을 보며 세상을 살면서 "이혼 할 생각을 해보지 않은 부부가 있을까?"하는 생각을 해본다.

동네에 불미스러운 일이라도 있는 날이면 주민들은 그들을 다그쳤

고, 내가 그 아이들의 변호인이 되던 그날은 늦도록 현관에 앉아 엄마를 기다리다 졸고 있는 아이들을 그날따라 늦은 퇴근에 돌아오던 아빠가 안고 들어갔다. 그도 부인을 기다리는지, 현관 앞에 소주병과 나란히 누워 잠이 들었을 때 잠이 깬 아이가 아빠를 흔들자 부자는 끌어안고 울음바다 되었다.

밤새 뒤척이다 아침을 맞았다. 그 아이들을 위해 내가 해 줄 수 있는 것은 무엇일까 생각해 보았지만 뾰족한 수가 없다. 하루 일을 마무리하고 귀가하는데 아이가 내게 할 말이 있는지 인사를 하고도 서성이고 있다.

"왜? 아줌마한테 할 말 있니?"

"우리 선생님 오셨어요."

모처럼 아이의 얼굴에 생기가 도는 듯 했다. 어깨쯤 내려오는 단발머리의 여인은 마치 감시라도 하는 듯 우리의 대화를 지켜보고 있다. "안녕하세요?"하고 인사를 건네자 그 역시 "안녕하세요?"하는데 짧은 인사말이지만 그녀의 밝은 모습에서 따뜻함이 느껴지는 듯하다.

"선생님, 오셨다고 아이가 좋아하던데요! 과외선생님 이신가요……."

서민을 상대로 모자가정이나 맞벌이 하는 집의 자녀들을 위해 무료봉사하는 도우미 선생님이란다. 50대 초반인 그분은 아이들이 어릴 때 맞벌이를 했으므로 아이들하고 시간을 같이 보내주지 못한 것이 아직도 마음에 걸린다고. 지금은 어른이 되었지만 '어릴 때 부모님 손잡고 바닷가에 가는 것이 소원이었다'는 이야기를 할 때는 너무 마음이 아팠다고 한다.

동병상련이라던가? 내 아이들에게는 못주었던 시간들을 이웃에게 주고자 동사무소에 봉사신청을 했는데, 내 손길을 반기는 아이들을 만나니 내 아이들 어린모습을 보는 같아 아이들을 돌보는 시간이 참으로 행복하다고 한다. 한 주일에 여섯 날은 봉사를, 하루는 집안일을 한다는 그분의 말에 타인을 위한 24시간의 행복의 수치를 그려본다. 종일토록 소일거리 빤하던 아이들에게 오신 도우미 선생님은 친구도 선생님도 엄마도 되어주는 든든한 울타리 바로 그것이었다.

"고마운 일 하시네요."

미소로 답하는 그녀의 얼굴은 역대의 미스코리아도 따라갈 수 없는 아름다움이 묻어나온다.

아들을 군대에 보내며

모텔, 새로 지어진 깔끔한 건물을 숙소로 정해 놓고 구룡포 해변에 섰다. 떠올림만으로도 늘 기쁨이고 설렘인 지평선을 바라본다.

얼마 전 매스컴은 천안함 침몰사건으로 온 국민들의 시선을 사로잡았다. 군인들의 목숨을 앗아간 통탄으로, 입대시킨 부모도 입대할 아이를 둔 부모도 가슴을 졸이는 시기에, 부모의 기대를 충족시키며 어긋남이 없던 아이가 휴학계를 내고 입대를 하겠다고 한다. 갑작스런 통보에 놀라움을 금할 길 없었지만, 강한 해병이 되어 내 나라를 수호하리라는 젊은이의 애국심에 칭찬을 해야 마땅할 것이다. 나름 반듯하게 커준 아이가 고맙기도 했으나, 아이를 군에 보낸다는 것만으로도 긴장감이 도는 시기에, 나와는 다르게 남편은 잘 생각했다며 아이를 칭찬하고 있다.

해병대! 나의 생각으로는 아무나 접할 수 있는 쉬운 훈련이 아니라는 생각이다. 내성적이면서 유순한 성격인 아이가 헤쳐 나가기에 불가능이지 싶어서, 절대 안 된다는 선을 그어놓고 아이를 설득한다. 그러면서도 큰 실수를 하는 것이 아닐까하는 생각에, 해병대 홈페이지와 인터넷을 통해 훈련과정이나 생활을 아이 모르게 관찰해본다. 확고한 결론을 내렸을 때는 내미는 영장을 되돌릴 수 없어 수락을 할 수밖에 없었던 현실이다.

입소를 하려면 거리가 멀기에 새벽에 출발하는 부담도 있었지만 아이의 뜻을 따라 입영전날의 추억을 만들기 위해 미리 내려온 것이다. 해변을 거닐며, 해수욕까지는 아니더라도 발끝까지 다가오는 파도의 분말을 느끼기도 하고, 파도를 뛰어넘는 여유와 기쁨의 순간들을 보내고 싶다던 아이의 바램이었다.

그러나 파도가 지난 자리에 밀려드는 쓸쓸함으로 우리 네 식구는 더욱 말 수가 줄었다. 좋아하는 대게를 많이 먹이고 싶은데, 탄산음료를 실컷 먹겠다던 아이는 겨우 몇 모금에 그치며 친구와의 전화로 시간을 소진하는데 긴장이 역력하다. '반대를 무릅쓰며 스스로가 선택한 길에 그리 긴장할 것은 무엇이냐'며 일침을 놓으면서도, 정작 마음은 '아이가 견디어낼까?'라는 고민에 휩싸였던 터다.

집합 장소로 이동하면서, 훈련과정이며 앞으로 다가올 생활들에 머문 마음으로 걷고 있다는 의식도 없었다. 두발이 꼬여 넘어져 무릎에서 피가 흐르는데 아픈 것이 아니라 오히려 시원하다. 안쓰러워하는 아이를 보며 "조금 까졌는데 뭘, 괜찮은 정도가 아니라 아무렇지도 않다"며 일어서면서도 비틀거리는 내가 걱정이 되었는지, 나의 어깨를 감싸 안은 아이와 한 걸음 두 걸음 앞으로 나아간다.

엄마 지금은 걱정되지만 나중에는 자랑스러워하실 거예요. 나지막이 나의 침묵을 깨는 목소리가 들려온다. 힘을 실어주어야 하는 시간인데도 침묵을 벗 삼는 엄마라는 사실이 미안함으로 다가선다. '인생은 스스로의 것이라며 선택하고 그것에 최선을 다하는, 든든한 아들

아. 너는 잘해낼 거야 엄마는 너를 믿는다고' 격려하며 용기를 주고 싶었던 말은 끝내하지 못하고, 저 멀리 있던 연병장이 가까워올수록 다리에 힘이 풀리며 주저앉고 싶은 마음으로 말없이 걷고 있는 아이를 곁눈질한다.

'누구나 해병이 될 수 있다면, 나는 결코 해병대를 선택하지 않았을 것이다'라는 그곳에서 나눠준 안내장에 적혀 있는 예사롭지 않은 글의 의미를 되짚어본다. 가입소기간에 적응을 못하면 퇴소명령을 받는다고 하니 도저히 못하겠으면 포기하고 오라고. 기다리겠노라는 말을 하며 아이의 등을 떠밀지만 내심, 낙오자가 되지는 말라는 부탁도 명령도 아닌 간절한 바람이 일고 있었다.

집에 돌아오니 이곳저곳에 아이의 모습이 묻어있다. 책을 좋아하기에 책상 앞에 앉으면 일어날 줄 모르고 화장실의 삼매경이며, 때론 욕조에 누워서도 책을 읽고 싶다며 젖지 않는 방법을 찾고 싶다고 했다. 화장실에 쌓여 있는 책을 바라보면서 아이와의 시간이 이미 추억이 되어있음이 실감나지 않지만.

아이를 어떻게 키워왔는지 동안의 시간을 거스르며 시험대에 오른 마음으로 아이의 면모를 재차 확인하면서 인터넷편지를 써내려간다. 이글은 아이를 감성에 빠뜨리며 나약하게 할 수도 있어. 조금은 냉정한 것 같아도 그래, 이렇게 쓰는 것이 나을 거야……. 수많은 망설임에 겨우 700자의 글을 채워나가며, 보다 간결한 글을 보내면 10초라도 쉴 수 있지 않을까 하는 생각도 들었지만, 700자로 한정된 글을 마친 후에는 언제나 여운이 남아 전송 전 읽고 또 읽어본다.

당연한 독백이겠으나 전보다 더 많은 대화를 나누는 것 같다. 나의 편지에서도 교육 훈련 단 에서도 지속적인 순종으로 인내를 배우며 고된 훈련에 묵묵히 최선을 다하라는 간절함의 시간이 흘러, 가 입소 기간인 7주간의 훈련이 끝나며 해병대로 정식 입소되었다는 문자를 받았다. 한시름 내려놓았다는 수료식의 기쁨 앞에서니 앞으로 보내야 하는 시간들이 거대한 태산처럼 느껴지는 것은 어미의 기우일까?

천안함 사건이후, 내나라 지키겠다는 젊은이들로 병무청업무가 바쁘다고 한다. 나의친구며, 친구의 친구들인 이웃의 생명을 앗아감에 분개하는 심정 오죽할까. 내나라 지키겠노라는 애국심으로 많은 순번이 대기 중이라는 뉴스는 감동과 슬픔을 동반하고 있다. 분단의 비애는 언제쯤 끝날 것인지.

문자

문자오는 소리에 귀 기울인다
벨소리는 당연하고 그러나 전화를 기다리지 않는다
제발 전화 하지 말기를
그러면서도 애타는 심정을 그 아이는 알고 있을까
그에게 돌아오라고 난 간곡했다
그곳으로 가지 말라고 애원했다
그러면서 벨소리는 왜 신경 쓰는지
사랑한다! 보고 싶다
수십 번을 외치면서도
전화를 기다리지 않는다
전화가 오면 퇴소 명령을 받은 것이고

문자가 오면 아이의 희망대로 되는 것
정식 입소되었다는 문자

해병이 된 아들이 넘어야 할 태산
격려와 응원을 보내는 어미가 되었다

'패기의 결정체'인 대한의 수호자들에게 감사의 마음 보내며, 전역하는 그날까지 모두들 무사 무탈하기를 빌어본다.

해병대사랑모임 카페

해사모는 "해병대를 사랑하는 모임"의 약자다. 해사모와 인연을 맺은 것이 벌써 6년의 시간이 흘렀다. 해병대를 선택한 아이의 소집일이라, 포항 군부대의 집결지인 연병장으로 가고 있었다. 앞으로 가야 하는데 마음은 뒤로 가고 싶었던지 무릎에 힘이 풀리며 넘어졌을 때, 누군가 명함을 쥐어주고 얼굴을 쳐다볼 여유도 없이 지나갔다.

명함에 쓰여 있는 카페를 찾아 기웃거렸다. 친절하게 댓글을 주는 그분들을 다소 경계한 것도 사실이다. 어릴 때 보아왔던 해병대출신들은 두려움 자체였기도 했는데 반듯하게 커온 아이가 두려움의 상대로 변한다는 것, 생각만으로도 싫었기에 관심을 두지 않으려고 눈팅만을 하면서 많은 시간을 보내다가 회원가입을 한 것이다.

회원들은 해병을 자식으로 둔 부모님과 친구 또는 가까운 친지들이지만, 카페지기님과 운영진(아직 현역의 부모님들도 계시지만)님들의 사내들은 세내를 한 지도 한참이나 흐른 상태다. 자녀가 제대를 했음에 그만 접어도 되련만, 지난날을 기억하며 후임의 부모님마음을 헤량함이 놀랍기도 하고 감사하다.

그분들을 통해 소식을 접하며 시간들을 소일한다. 훈련받는 사진이 올라오면 스크랩하기 바빴고 아이의 훈련소식을 접할 수 있음이 큰 위안이 되기도 했다. 면회를 갈 때, 교통정보며 주변 숙박시설과 무엇을 어떻게 준비해야하는지, 그 외에도 소소한 것들을 궁금해 하는 후임부모님들은 늘 질문 방에 글을 남긴다. 오래지않아 유용한 정보를 올려주는 분들이다. 아이를 입대시키고 빈자리의 허전함과 노심초사하는 마음을 오로지 봉사하는 마음으로 글로써 다독여주심이 참으로 아름다운 미덕이다.

친정엄마가 돌아가시면서 카카오 톡에 글을 넣었었다. "~지금은 상중입니다~"하고. 장사를 하는 입장인데, 손님들의 전화를 못 받을 수도 있고 뜻하지 않게 불편을 드릴 수 있으니 양해를 구함이었다.

때마침 해사모의 모임소식을 전하시려 준혁 아버님께서 카카오톡을 보내려다 우연히 보게 되었다고 하신다. 지기님과 운영진님들에게 소식을 전하며, 기욱 어머님께서 근조화환과 애도의 음악을 카페의 애경사 방에 올려주시면서 공개가 되었다. 많은 분들의 위로의 댓글에 일일이 답 글을 올리지 못했지만 참으로 감사했다. 성수아버님, 지현아버님, 준혁 아버님께서 오셨고 해사모의 이름으로 근조화환이 장례식장으로 배달되었다. 카페지기 김병웅 임은 댁이 경상도인데 늦게 연락을 받아 미안해하신다는 말씀을 전해 들었다.

그분들과는 초면이다. 나는 운영진도 아니고 그저 회원일 뿐이다. 그렇다고 내가 특별한 활동을 하는 것도 모임에 나가는 것도 아니다. 그러함에도 수원에서 서울에서, 오신 분들을 어떻게 맞이했는지 실수는 안했는지 걱정이 되었는데 "누구신지요? 어떻게 알고 오셨는지요?" 첫인사치고는 고약스런 면모를 보였다. 식구들과의 인사를 나눈 뒤 나는 당사자인 태규를 소개했다. 해사모에서 오신 분들이라니 너무도 뜻밖이었는지 나보다도 더욱 놀라워한다.

너무도 감사하고 미안함에 당황한 것은 사실이다. 그분들이 다녀가신 뒤도 그날이 한참 지나서도 해사모의 끈끈한 정이 가족에게는 화재거리였다. '해병대 지원을 한 우리 조카 최고'라는 칭찬에 말없이 웃는 아이를 바라본다.

오직 후임들을 위하는 마음하나로, 오늘도 많은 부모님들과 주변인들을 도와주시는 아름다움에 감사를 드리며 마음을 요약해본다.

이슈가 된 해사모

슬픔이 깔린 시간에
이슈가 된 해병대 사랑모임카페를
알게 된 것은 아이를 군에 보내며 처음이었네
보듬어주던 임들의 고마우신 손길 잊을 수 없어
제대 후에도 멈출 수 없는 걸음마다에

태산을 넘어야 할 아이보다
어쩌면 더욱 무거웠던 마음과
빈자리의 허전함을 사랑으로 채워준 임들
베풂은 잊어야 하나 받음은 잊지 말라던
어머니의 목소리 그리워 울던 날
해사모, 또다시 나의 맘을 보듬어
흔하디흔한 카페이리라 생각했었던
가입을 망설이던
그날이 부끄러움으로 다가와도
라디오 생방송에 소개되던 날은
종일토록 으쓱이고
해병대의 끈끈한 정 익히 들었어도
느끼지 못했던 정이었네

겨울을 녹여 내리는 따스함에
오물거리는 나의 입술
해사모 임들의 걸음마다 행복이 가득 하소서

1년이 되어가는 문자

수협은행에서 주관한 '대학생어촌봉사'를 지원하면서 꼭 해보고 싶다는 바람을 이루며 아이는 지금 해안대장정을 하고 있다. 침낭과 단체복 등등 다양한 물품을 지원받으며 설레던 아이의 생활이 궁금하던 차 문자가 왔다. 첫날이니만큼 안부문자이리라 생각했는데 단원들의 행선지와 상태를 계속해서 보내주고 있다. 1년이 되어가는 문자를 지우지 않고 있었음은 왜일까? 외출했던 가족의 늦은 귀가에 마음 쓰는 부모의 마음이지만 대부분의 가정은 아빠에 비해 여리고 약한 엄마의 걱정은 더욱 큰 것 같다. 잦은 카카오톡이나 전화로 빠른 귀가를 '명'함은 아이를 못 믿어서가 아닌 세상으로부터 보호하려는 모성애요, 본능일 것이다.

이십대가 지나면 할 수 없는 것들 즉 이십 대 만의 특권이 있는 것들을 다 해보기전에는 계속 휴학을 할 생각이라고 한다. 제대를 한 뒤에 시기를 기다려 복학을 하고 졸업을 하면 곧 30대가 되므로, 지나버린 20대의 아쉬움을 토로한들 되돌릴 수 없는 것이니, 후회를 만듦이 아닌 자신의 주어진 시간을 스스로 개척하며 충실해야 한다

는 것 또한 그의 본능일 것이다. 확실한 주관이 있어도 엄마의 눈에는 아이일 뿐인 심정을 알고 있는 것처럼, 나의 폰으로 문자를 보내고 있는 수협은행 대학생 어촌봉사단 행사본부이다. 자신은 이모부께서 주신 신발 덕분에 물집이 전혀 없었지만 의외로 물집으로 고생을 하는 단원들이 많았다고 한다. 의료진의 치료를 받았어도 걷기 힘든 대원들의 짐을 서로 나눠들며, 힘들어하는 단원이 있을 때는 앞에서 끌어주고 뒤에서 밀어주며 단원 한사람의 낙오자 없는 완주를 목표로 하고, 몸뿐이 아닌 마음까지도 살피며 유쾌한 시간들을 만들어주시려 노력해 주셨나는 말을 들으며 그분들의 세심함을 느낄 수 있었다.

태극기를 들고 행진을 할 때에 팔이 아팠을 것이라고 하니 교대로

들기도 했지만 순간의 기쁨은 날것도 같았다며, 가끔은 행사진행요원이 아닌 인생의 선배로서 유익한 말씀들을 해주셨음이 참으로 감사했으며 그로인해 많은 것을 배웠다고 한다. 동안 접해보지 못했던 체험들은 많은 것을 느끼게 했다면서 일주일의 값진 시간을 자랑스러워하는 아이의 이야기를 듣는 내내 우리가족은 더불어 행복함을 느꼈다.

출발부터 귀가까지 단원들의 안부와 안위를 챙겨주신, 수협은행 대학생 어촌봉사단 행사본부 관계자님들의 이야기와 단원들 간의 이야기와 체험들을 묻느라 쉴 틈을 주지 않고 질문은 이어졌지만, 피곤해하는 것이 아닌 연실 웃음 띤 얼굴로 설명을 반복하는 시간이 흐르고 있었다.

2016년 6월 28일 화요일

안녕하세요. 수협은행 어촌봉사단 행사본부입니다. 행사 주최측에 긴급하게 연락하실 일이 있을 때는 경영지원실 MPL팀장 신동열 과장(000-0000-000) 또는 과장 김동현(000-0000-0000)으로 전화주시면 됩니다.

2016년 6월 30일 목요일

안녕하세요. 수협은행 어촌봉사단입니다. 오늘 54명 단원들은 오전에 15키로 행진을 소화하고 오후에는 염전 갯벌체험을 했습니다. 사고 없이 이 일차 마무리하고 맛있는 저녁식사 앞두고 있습니다. 내일도 즐겁고 안전하게 보낼 수 있게 응원 부탁드립니다.

2016년 7월 1일 금요일

15킬로미터 행진을 소화하고 오후에는 해안정화활동 및 독살체험을 했습니다. 오후부터 비가내리고 있지만 안전하게 오늘 일정을 마무리 하였습니다. 금일은 우천관계로 실내취침을 할 예정이므로 너무 염려하지 않으셔도 됩니다. 매일매일 단원들의 안전을 최우선으로 생각하고 있으니 걱정보다는 많은 격려 부탁드리겠습니다. 그럼 내일도 즐겁고 안전한 일정 보내도록 하겠습니다.

2016년 7월 4일 월요일

오늘 54명 단원들은 오전에 19킬로미터 행진을 소화하고 오후에는 휴식과 저녁에 예정된 해단식전야제 준비를 하였습니다.

비는 오다갬을 반복했지만 단원들은 건강히 오늘일정도 마무리 하였습니다. 저녁에는 해단식전야제로 바비큐파티와 장기자랑 시간을 가질 예정입니다. 부모님들의 격려 속에 다친 단원 없이 내일 일주일간의 대장정을 마치게 되었습니다. 내일 밝은 모습으로 집으로 가는 시간까지 단원들의 안전을 위해 최선을 다하겠습니다.

2016년 7월 5일 화요일

안녕하세요. 수협은행 대학생 어촌봉사단입니다. 오늘 54명 단원들은 20킬로미터 행진 중입니다. 이번 행진을 마지막으로 대장정 및 봉사활동이 종료되며 오후 두 시에 버스에 탑승 귀가 예정입니다. 모두들 조금씩 힘들어하지만 포기하지 않고 꿋꿋이 걷고 있습니다. 남은 행진도 사고 없이 안전하게 마치겠습니다. 자녀분들 만나시면 많이 칭찬해주시기 바랍니다.

안녕하세요. 수협은행 대학생어촌봉사단입니다. 모든 일정을 무사히 마치고 춘장대해수욕장에서 4시 3분경 복귀 출발하였습니다. 서울잠실도착 예정시간은 저녁 8시 전후가 될 것 같습니다. 뜨거운 격려와 아낌없는 응원을 해주신 모든 분들에게 감사드립니다.

'남과는 다른 길을 가라'는 쉬운 말임에도 한번쯤 숙고의 여지를 주는 글이 쓰인 옷을 입고 행진할 때 뒷사람은 앞사람의 등을 당연히 바라보게 된다. 휴식시간 배낭을 벗을 때면 읽고 또 읽으며 완주를 한 단원들은 걷고 있으면서도 수많은 분량의 생각을 했을 것이다.

럭비공을 사랑하는 아빠와 이모부

수협은행 해안대장정을 하고 있는 중에 소포가 도착하고 있다. 지원을 받는 것으로 침낭이며 옷을 비롯한 엄홍길 대장과 함께하는 국토대장정에 필요한 소품인, 지참해야 할 준비물들이다. 해안대장정에서 복귀한지 이틀 만에 커다란 배낭을 메고 손에 작은 짐 가방을 들고 집을 나서는 뒷모습을 바라본다. 일주일전과는 강도가 다른 무더위가 시작된 시기인지라 걱정이 되는 것은 당연한데 전과는 다르게 소식이 없다. 무소식이 희소식이라고 했으니 응원을 보낼 수밖에. 인터넷에 기사가 올랐다며 아이의 이모부께서 사진이며 기사를 보내오신다. 조카가 아닌 자식처럼 늘 아이를 챙기시는 이모부였다.

훈련을 받는 가입소기간이 지나고 수료식을 할 때 우리는 플래카드를 준비했었다. 이모부께서 수료식이 시작하기 훨씬 전부터 넓은 연병장 이곳저곳을 그것을 펼쳐들고 뛰기도 걷기도 하셨는데 어느 곳에 있을지 모르는 아이에게 보라는 뜻이 담겨있었다. 수료식이 끝나면서 예상대로 아이는 우리가 있는 곳을 쉽게 찾아왔고 감명을 받았다며 제대 후에도 가끔 이야기를 했었다.

이번에도 '우리 피켓을 만들어 거리에서 기다리자'는 제안을 하셨고 문구는 간단하면서도 팀들에게 응원이 되는 글귀를 넣자고 하신다. 고심 끝에 문구를 선택하고 때로는 식사도 거른 채 피켓을 완성하시고, 행렬이 지나는 ㅇㅇ곳으로 가서 아이에게는 추억을 단원들에게는 잠시지만 응원을 하기위해 제부와 남편은 저녁내 많은 대화를 나누셨다.

"미리 도착해서 기다리다가 피켓을 들고 구호를 외치는 거야! '태규'가 우리를 못 알아보게 모자와 마스크와 선글라스를 낀 채로 있다가 '짠~,'하고 써프라이즈 하자"고.

'행군 중이라 개별연락이 안 되니 설마 우리라고 상상도 못 할 거'라고 하시며…….

평소에 하이킹을 즐기는 두 분은 시간은 충분한데도 새벽부터 페달을 밟으며, 만들어온 피켓이 구길까봐 혹시 망가뜨릴까봐 확인을 하면서 서둘러 그곳에 도착하셨는데 너무 일찍 도착했다고 하신다. 작열하는 태양을 잠시도 피할 곳 없는 곳에서 갈증은 나고 아무리

둘러봐도 행렬은 보이지 않아 너무 지친다면서 카톡으로 지친 모습들을 보내셨다. '드디어 상봉했다'는 문구와 '해후?'의 모습을 찍은 사진들이 전송되고 있다. 구릿빛으로 그을린 얼굴이며 수염이 자란 얼굴은 내 아이가 아닌 아저씨로 변해있었다.

2016년 7월 8일부터 7월 23일까지 15박16일 일정이다. 고성통일전망대를 기점으로 화천 평화의 댐을 거쳐 문산 임진각까지의 총350Km를 걷는다. 남녀대학생 110명은 '도전하지 않는 젊음은 낭비일 일뿐이다!'라는 주최 측의 제시어를 가슴에 새기고 행진 중이다.

국민안전처에서 실시한 대외활동이 있었다. 대구소방박람회장에서 교육보조강사로, 국회의사당을 견학하는 학생들에게 CPR(심폐소생술)을 교육하는……. 자신의 시간을 열정으로 보내는 젊은이의 사고방식을 접하며 살고 있다. 한집에 살면서도 얼굴보기도 바쁘기에 한동안 나는 그를 럭비공에 비유를 했고 "럭비공아 다음 스케줄은 무엇이냐?"고 묻기도 했다. "엄마 결정되면 말씀 드릴 테니 기다리세요, 아직 며칠 남았는데 안 될지도 몰라요"라고 대답할 때, 나는 그

랬다. '늘 긍정적인 마인드로 열심히 살아가는 너인데 너를 안 뽑으면 그쪽이 손해'라고, '그러니 혹 안 되더라도 의기소침 하지 말라'고…….

이것은 아이를 부추기려는 아들 바보 같은 엄마라고 생각할 수도 있는 말이다. 하지만 나의 생각은 그것이 아니다. 도전한다는 그 자체가 아름다운 것이니 용기를 주려는 마음이고 행여 합격이 안 된다면 깨끗하게 포기하라는 결과까지 감안한 말인 것이며 늘 긍정적으로 열심히 사는 모습을 칭찬하는 숨은 뜻이 있는 것이다.

안일함으로, 그것을 하기는 자신이 없는데, 그곳을 가려면 힘들고 귀찮은데, 그것은……. 이러한 변명이나 핑계가 아닌 해보겠다는 의지와 해내고야 말겠다는 정신보다 더 필요한 것은 무엇인가? 단원의 한 사람으로 국민의 한 사람으로 국토의 소중함을 깨닫고 짜릿한 성취감을 만끽하는 대장정이었나며, 양발을 벗고 있는데 허연 것이 부스스 떨어진다.

물집이 잡혔던 것이라며 그것마저도 기쁨으로 대하는 그를 보며 고생을 사서했느냐고 물으니 이런 고생은 열 번을 해도 후회는 없을 것이라는, 그의 말에 칭찬을 아끼지 않으시는 아빠와 이모부의 군 시절 행군하던 순간으로 접어들면서, 행군의 고초와 목표지점에 도착했을 당시의 짜릿함이 이어지고 있었다.

인간의 한계를 시험하듯, 자연의 위대함을 발설하듯, 작열하는 칠월 중하순의 무더위를 이겨내며 완주의 기쁨으로 울먹이는 젊은이들에게, 행군을 할 때는 엄하고 휴식을 취할 시는 부드러우신 엄홍길 대장님의 축하의 말씀은 오아시스 같은 달콤함이었다고 말씀드리고 싶다.

4부

못 다한 이야기

허파무침

추석이 다가온다. 열흘이나 남았는데 주부라서 그런 것일까? 맘도 몸도 분주하다. 아직은 더 사용해도 되는 카펫을 빨아 널고 대청소를 시작했다. 며칠 만에 해가 뜨고 쾌청한 날씨가 되고 보니 우중충하게 보이는 구석들이 눈에 들어온다. 되풀이되는 일상이지만 손님들을 맞이하는 마음이 분주한 것은 옛날이나 지금이나 마찬가지인 것 같다.

허파를 손질한다. 밤새 핏물을 빼고 다시 밀가루에 버무려 놓았다가 주무르고 있다. 허파를 처음 접한 것은 결혼 후 첫 추석이었다. 수돗가 커다란 함지박에 무언가 들었는데 시뻘건 핏물이 흐르고 비릿한 냄새가 난다. 수돗물을 밤새 틀어놓고 핏물을 빼고 있었다.

"저건 뭐예요 냄새도 그렇고 징그럽고 저렇게 수돗물을 틀어놓으면 물세는요?"

갓 시집온 며느리의 타박에 언짢으신 표정이 역력하시다. 음식 앞에 놓고 그런 말 하는 것 아니라는 일침에도 난 뿌루퉁하니 짜증이 났다. 하루가 지나고 손질해서 그것을 삶기 시작하니 온 집안을 가득 채운 냄새로 난 점심도 굶어야했는데 익었는지 보라는 말씀에 할 수 없이 부엌으로 들어갔다.

어느 정도가 익은 것인지 알지 못하는 나였다. 젓가락으로 푹 찔러대니 미끄러지며 부력으로 다시 떠오른다. 구역질을 하면서도 해야만 하는 시집살이의 설움을 트집하며 다시 푹푹 찌르는데 부력에 힘입은 육수는 신이 난 듯 손과 팔에서 주르륵 미끄럼을 탄다. 구급약을 찾음보다는 익숙하게 소주를 부었다. 그것을 꺼내어놓고 나를 찾지 않으시기에 해방이다 싶었는데 잠시 뒤, 다 식었으니 썰으라고 하신다. 이렇게 큰 덩어리를 어찌 썰어야하는지 크기는 어느 정도로 해야하는지 여쭙고 고개를 돌리고 칼질을 하면서도 숨을 쉴 수 없어 밖으로 뛰어나왔다. 시어머니 그제야 웃으시면서 방에 들어가 문 닫고 나오지 말라신다.

궁금했다. 냄새는 지독했어도 어찌 하는 것인지 궁금해서 방에 있을 수가 없다. 부엌으로 갔더니 적당한 크기의 적당한 두께로 네 덩이나 되는 것을 썰어놓은 것이 커다란 양푼에 수북하다. 갖은 양념을 넣고 무치시며 맛을 보라고 하신다. 작은 조각을 마지못해 입에 넣었지만 물컹거리는 것이 싫어서 몇 번 깨물다가 슬그머니 뱉어냈는데 맛있게 되었다며 드시는 모습이 희한함으로 다가왔다. 허기를 느끼며 뒷정리를 하다가 무언가를 먹어야하는데 마땅한 것은 없어서 다시 먹어봤다. 배가고파서 그런 것일까 먹고 또 먹어도 양이 차지 않는다.

당시 난 임신을 한 상태로 입덧의 시기였는데 그 맛에 빠져서 시어머니가 들어오시는 것도 몰랐다. 맛있으면 입맛 당길 때 많이 먹으라고 하시기에 이상해요 아까는 맛이 없었는데…….

그렇게 배운 것이 허파무침이었고 이어받음으로 난 그 허파를 삶고 있는 것이다. 요즘은 그리 흔하지 않은 허파무침이라며 이 댁에나 와야 맛을 본다고 하시면서 찾으시기에 항상 많은 양을 준비했고 그것을 볶아대느라 부엌은 양념냄새로 매캐했었다. 젊은 사람이 하기가 쉽지 않은데 하시며 칭찬을 해주시던 분들이 명절이면 더욱 생각나고 고맙게 느껴지면서 기다려진다.

오늘도 허파를 삶아서 썰고 무치다보면 점심때가 넘을 것 같은데 냄새가 싫어서 밥 생각이 없다. 허기진 상태로 뒷정리를 하며 먹더라도, 덜덜거리는 들통뚜껑을 열고 변색 된 허파를 익었는지 눈으로 확인하며 젓가락을 슬그머니 밀어 넣는다. 이제는 느낌으로도 알 수 있는데 꺼내야 할 것 같은데, 조심해라 하시던 목소리는 한 김이 나가도록 기다려도 아니 들리니, 해마다 추석이 다가오며 허파를 삶다보면 잊은 줄 알았던 그날이 되살아난다. 쓸쓸함을 가눌 길 없어 이제 '허파무침을 그만할까' 고민하다가 걸렀던 지난해, 아쉬운 표정들을 느낄 수 있었다.

"음~, 맛있는 냄새, 난 아무리해도 이 맛이 안 나는데 언니 비법 좀 가르쳐줘요!"

"올케, 특별한 비법이 있음 우리에게도……."

"외숙모, 허파볶음 더 주세요."

손맛을 따르진 못했더라도 맛있게 드셔주는 분들로 인해 가스위의 팬은 식을 틈이 없었으나, 어느새 휑해진 거실의 썰렁함이 느껴질 때 매캐한 냄새가 보글거리며 나를 어우른다.

라면을 끓이며

두 군데 모임을 놓고 어디로 갈 것인가를 갈등하는 그이가 나를 바라본다. 한곳은 장사를 하다 오후에 가면되고 또 한곳은 새벽에 출발해야 하는 곳이다. 불황의 연속이 이어진지 오래다 보니 자영업자의 입장에서는 문을 열어도 한숨만 나오지만 문을 닫는다고 마음이 편한 것은 아니다. 내가 장사를 하고 있으면 되지만 나도 최소한 하루 정도의 여가는 필요했다.

일상을 벗어나 하루쯤은 머리도 식히고 마음의 여유를 찾을 필요가 있다는 생각으로, 새벽의 일정을 권하고 집에 와서 분주하게 움직였다. 유용하게 써야할 내일의 휴가를 위해서다. 하루 종일 나를 위해 보낼 수 있는 시간이 주어진다는 생각에 기분은 꿀맛이다.

다음날 새벽, 이른 외출이 있을 때면 꼭 라면을 찾는 사람이다. 잠에 취한 몸으로 무엇인가를 해야 하는 것은 새댁이 맞이하는 첫날의 부엌처럼 어설프다.

신혼여행을 다녀와 맞았던 첫날 새벽이 그러했다. 아궁이가 있는 시골동네, 특히 시댁의 부엌을 들어서려면 높은 문턱을 넘어야 했다.

발을 딛는 곳은 조금은 평평하지만 두 발자국을 떼면 울퉁불퉁한 바닥이다.

시어머니께서 아침부터 냉수를 달라신다. 컵을 올려놓은 쟁반의 둘레가 문턱을 가렸기에 걸려서 넘어질 뻔 했던 부엌에 첫발을 디딘 것은 전날 밤이었다.

신혼여행지에서 돌아온 나를 시어머니는 대문이 아닌 뒤쪽으로 데리고 가셨다. 담장 없는 장독대 후미진 사이를 걷게 하시더니 쪽문을 통해 부엌으로 들어오게 하셨다. 엎어놓은 바가지를 힘껏 밟아 깨라고 하시는데 플라스틱 바가지는 어설피 밟아보니 미끄러질 뿐이다. 새 식구를 집안에 들이며 치루는 의식이라고 하신다. 친정은 특별한 종교가 없었지만 그렇다고 미신을 믿지도 않았다. '새 식구를 들이는데 대문으로 들어오면 조상님들이 놀라신다.'는 의미라 하셨다. 서울에서 태어나 생활을 한 나로서는 인접지역인 경기도에 그런 풍습이 있었음이 의아했다.

장독대며 부엌의 사방을 향해 읊조리며 두 손을 비비면서 하시는 말씀은 "터줏대감님, 터줏대감님, 새 식구를 들였으니 보살펴주시고……."라 하시면서, 내게도 사방을 향한 조아림을 요구하셨다.

한복을 입은 상태라서 속치마까지 들어 올리며 문턱을 넘어서니, 친지들께서 모여 계시는데 난 그분들이 이상한 종교단체의 사람들처럼 거부감이 느껴졌다. 공통된 말씀은 '바가지를 깼냐'는, '박살을 냈냐'는 것이며 '박살나는 소리가 커야하는데 안 들렸다'는 말이었다. 시간을 되돌리고 싶었다. '이상한 소굴?'은 아닐 터인데 정신을 집중해도 멍한 상태는 마치 꿈을 꾸는 것 같다.

새신랑을 옥죄는 방망이질이 시작되었다. 새신랑을 달아서 먹을 것을 뺏어내는 놀이였다. 그런데 그들은 결혼 전에 만나던 사람들이 아니었다. 혈안이 된 그들의 눈을 가리고 행동을 막고 싶었다. 도망이라도 쳐서 꼭꼭 숨고 싶을 정도로 열 명이 가하는 폭행 아닌 폭행이 너무도 무서웠다. 높은 문턱을 넘으며 짚었던 기둥 위쪽에 붙어있는 계량기가 떠오른다. 선부름은 때론 후회를 부르니 참아내자고 자신을 다독였지만 인내의 한계는 여기까지 인 것 같다.

슬그머니 나가서 두꺼비집을 열었다. 순간 조용한 듯싶더니 정전인가 보다며 소란스럽다. 계량기가 내려갔네! 하는 소리와 동시에 훤해졌다. 다그치는 소리에 이어서 '아이쿠' 소리 여전히 들려온다. 잠시 후, 문턱에 올라 선 채로 그것을 손으로 잡고 있었는데 아무것도 보이지 않는 칠흑 같은 어둠속에 누군가 나의 손을 더듬는다. 식구들마다 계량기를 찾느라 더듬거리며 손들이 겹쳐지고 있었다.

방앗간에서 막 가져온 떡은 온기도 있고 말랑하니, 떡을 좋아하는 나로서는 그 맛을 모를 리 없다. 시어머니께서 다섯 번째의 접시에 떡을 담고 계시다. 이웃집에 갖다드리라고 하실 것이라는 예상은 빗나갔다. 터줏대감님께 먼저 드려야 한다고 하시며 집안 곳곳에 가져다 놓으라는 엄명이시다.

시어머니가 외출하시고 식어버린 떡을 한 입 깨물다 내던져버렸다.

"터줏대감님……, 터줏대감님……."

타령을 하듯 되씹히어 표출되는, 볼멘소리를 하며 부엌의 울퉁불퉁한 바닥을 호미로 콕콕 찍어 내려갔다. 평평하게 흙을 펴고 분무기로 물을 살짝 뿌리고 아무도 밟을 사람 없으니 문을 활짝 열어놓으려다 화들짝 놀랐다.

"약주도 안올리고 부엌바닥 팠지? 터줏대감님 노하실라. 얼른 막걸리 한 병 사와라, 한 달 후 도당굿이 있으니 집안 깨끗이 치워라. 부부간 잠자리도, 손님이 와도 안 되고 물론 친정도 가면 안 된다. 재가 날릴 수 있으니 오늘 이후로 당분간은 아궁이에 뭐라도 태우지 마라, 아이고 터주대감님."

외출에서 돌아오신 시어머니는 새 며느리를 질책하시느라 말씀에 쉼표도 없다.

얼마 전, 두툼한 봉투를 들고 다녀오신 곳을 굳이 여쭙지 않았지만 어림짐작은 할 수 있었다. 도당굿을 할 때는 주로 지나는 큰길로 그치는데 부엌까지 들어온 무녀였다. 시어머니 하시던 그 모습을, 그 말씀을 무녀는 하고 있는 것이다.

"터줏대감님……."

반론보다는 순종해야하는 새색시 광신도가 될 뻔했던 생소했던 그 옛날 부엌은 잊힌 지 오래인데, 익숙한 부엌에서 라면을 끓여 그릇에 담다가 '앗! 뜨거워'하며 소스라쳤다. 비몽사몽 중에 떠오른 것은 토속신앙이 아닌 아스라한 추억의 잔재이리라.

외출준비를 하고, 갈림길 앞에서 머뭇거리다 왼편을 택해서 걷는데 가벼운 마음은 잠시였고 다시 오른편으로 돌아서 걸으며 갈팡질팡하는 자신이다. 왼편은 휴식을 위한 곳으로 어제 그토록 부풀며 꼭 가리라고 생각했던 곳이다. 냉정하자고, 스스로를 다잡으며 이내 돌아선 방향은 가게를 향하는 것이다. 때론 쉬어감이 필요한 것을 모르는 바 아니지만 그 편이 마음이 편할 것 같아서.

문을 열거나 닫을 때면 경비업체에서 두 사람의 휴대폰으로 문자 전송을 한다. "정상해제 또는 정상세트 되었습니다."라는. 그 이는 '하루 쉬지 왜 열었느냐'고 문자를 보내왔다.

한가한 시간이 흐르고 있다. 혹시나 했던 기대심리는 초라한 모습을 조롱하려 하지만 이제 겨우 한나절이 지나고 있으므로 조바심을 가질 필요는 없다. 음식점들이 거의 문을 닫기도 하지만 일인분을 시키기는 좀 그렇고 해서 컵라면에 물을 붓다가 손등으로 튀었다.

순간의 놀람에 미안해하던 새벽녘, 그에게 행하던 나의 모습이 스크린처럼 스치고 있다. 무반응은 긍정이 아닌 부정이다. 강한 부정 표현을 할 때면 보이는, 그 순간은 끓여먹고 가면되지 잠자는 사람을 깨웠다는 불만이 내포된 나의 특이한 행동임을 모를 리 없는 그는 등 뒤에서 안절부절 했었다.

'아침에 미안'이라는 문자를 썼다가 지우고 다시 쓰다가 지우고 채택된 문자는 '가게일은 잊고 재밌는 시간 보내고 오시우.'였다.

나의 하늘

누군가 내가 타고 있는 이 버스를 보고 있을 것이다. 혹 차창으로 스치는 나의 모습도 보았을지 모른다. 나 역시 영구차가 지나면 눈길이 갔었고 누구인지 모르지만 고인께 인사를 했었다. '뉘신지 모르지만 안녕히 가세요.'라고.

며칠 전 친정엄마가 위독하시다는 전갈을 받았다. 약 다섯 시간의 거리를 운전을 하고 있는 동생에게 긴장하지 말고 안전운전하라는 말을 수시로 하며 순천에 있는 성가롤로병원으로 서둘러 달려갔다. 몇 해 전에도 심장이 안 좋아 위독하시다며 시술을 해야 하는 시기가 이미 지났다는 선고를 받고 초상집 같은 분위기였는데, 몇 해를 큰 탈 없이 견디어 주셨던 터이다.

곳곳에서 자제들이 달려와 면회를 할 때마다 이런저런 말씀들을 하시는 엄마는 평소와 다를 것이 없었다. 식구들 밥은 어쩌고 왔느냐 라든가 다섯 살에 아버지가 돌아가셨음에도 반듯하게 커준 막내아들에게 고맙다는 말씀이며, 멀리서 오신 형부가 시장하시니 표고버섯을 볶아서 점심을 차려드리라고, 재롱을 떠는 서른이 넘은 외손자의 말에도 그럼, 그럼 하시며 맞장구를 치시다 잠이 드셨을 때만 해도 담당의는 혹 환자가 고통을 호소하는지 물어오곤 하셨다.

하루 두 번의 면회와 보호자대기실에서의 생활이 여러 날 흘렀을 때, 주치의 선생님도 뜻밖이라며 호전 된 상태를 말씀하시며 입원실로 올라가는 기적이 일어났고, 금식을 요하는 표식도 없었기에 며칠 전과는 다른 잔치집이 되었다. 푸짐하게 음식을 준비하고 식구들 둘러앉아 콧노래가 절로 나오는 날이다. 거실유리를 통해 밖을 보니 강한 바람으로 많은 나뭇잎이 앞 다투며 떨어지는데 가히 장관이다. 나비 떼가 날아간다는 남편의 말에 "기분이 좋으니 나뭇잎도 나비로 볼 수 있는 시인이 되었다"는, 제부를 칭찬하는 언니의 말에 한차례 웃음바다가 되었다.

행복은 바로 이런 것이 아닐까 싶은 순간을 뒤로하고, 기쁜 마음으로 우리는 다시 일상으로 돌아오기 위해 고속도로를 달렸고 휴게소에 들러 해장국을 국물도 남기지 않고 모두 비우면서도 웃음소리 끊이지 않는다. 긴장도 풀렸고 배도 부르고 하니 뒷좌석에서 쌔근거리는 숨소리가 들리는 것으로 보아 잠이 들었나 싶다. 얼마나 달콤한 맛일까.

휴대폰이 울리고 있다. 어디쯤 갔느냐고 묻는 전화이리라 생각하며 받은, 수화기를 통해 긴장된 목소리가 떨고 있다. '전기 충격을 했는데 못 깨어나신다.'고, '곧 돌아가실 것 같다'고. 몇 시간 전 만해도 웃으며 대화하고 일반실로 올라가신 기쁨으로 들떴었는데 믿기지 않는 소식을 접한 고속도로에서, 통화를 끝낸 나의 표정을 보면서 무슨 일이냐고 동생이 물어오지만 난 냉정해야 했다. 나도 이만저만한 충격이 아닌데 운전을 하고 있는 동생이 감정을 추스르지 못하면, 이어

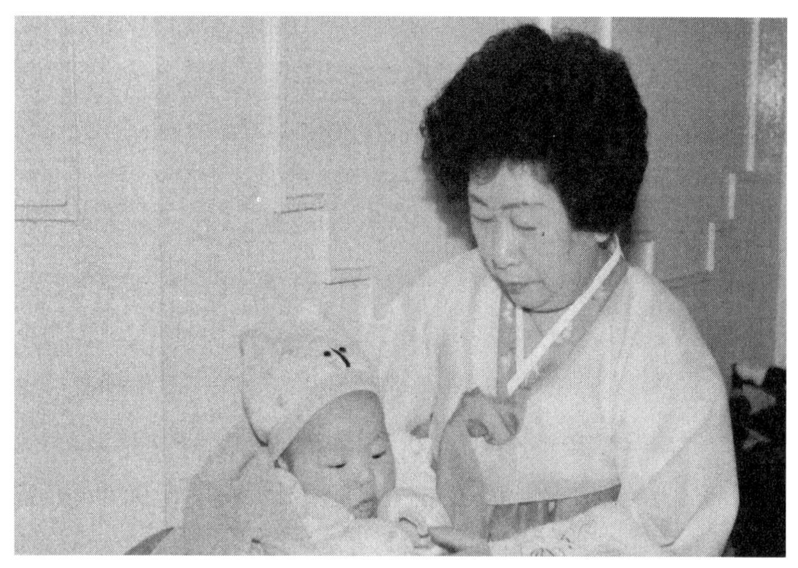

질 수도 있는 사고를 미연에 방지하기 위해서라도 난 침착해야 했다. 뒷좌석에서도 무슨 일이냐며 물어오는데 뜬금없이 어디서 좀 쉬다가 가자고 졸라대는 나를, 이해하지 못하는 가족들에게 어찌 설명을 하리요.

한 많은 세월이 떠나가고 있다. 이 버스에는 서른아홉 청상의 세월이 실려 있다. 그 어떤 유혹에도 곁을 주지 않고 칠남매의 울타리로 살아오시면서 원하신 것은 단 하나, "아버지 없는 자식이라서 그렇다는 말은 들어서는 안 되는 것이"라는 소원뿐이셨다.

아직 상중인데 나는 이글을 쓰고 있다. 엄마께 고마운 마음을 담아 올 '여름 사랑의 편지 공모전'에서 입상을 했다. 비록 입상이지만 엄마는 딸의 마음을 고마워하셨고 어려운 형편이라 소질을 키워주지 못해 미안하다시며 우리 딸 최고라고 침이 마르도록 같은 말씀을 하고 또 하셨다. 겨우 입상이라는 기어들어가는 목소리를 다독이시는 틈을 타서 "엄마, 그렇담 용돈 줘!"했더니 바지 속주머니에서 돈을 꺼내시는 엄마 앞에 동생도 손을 내밀며 "엄마, 나도 안주면 삐칠 거야"하던 오래지 않은 시간이 떠오른다. 미칠 것 같은 슬픔 속에서 곧 사라질 것 같은 엄마와의 시간들을 움켜쥐려 두서없이 써 내려간다.

나의 하늘

나의 하늘을 가두어놓은 문 앞에 서서
하늘을 향한 기도를 올려야 했다

먹이고 입히며
나를 위해 모든 것 감수한 하늘

밤이 벗겨지도록 토해내는 울분에도
내려진 최후의 통첩

장대비 퍼붓는 소리 아니 들리고
만발한 철쭉꽃 예쁠 리 없던 그날의 고비를 넘기시어

사골 넣은 가마솥 불쏘시개 핑계 대며
눈동자 촉촉이 젖어들 때

가시고기 토해내고픈 시린 세월

울음마저도 목젖에 걸렸네

'딱 사흘만 더 엄마를 모시고 싶다'고 정성으로 엄마를 모시던 남동생의 말에 눈물이 왈칵 쏟아졌다. 좀 더 일찍 엄마의 검진을 생각했더라면, 숨이 찬 것은 꼭 연세 때문만은 아닌 것을 말이다. 다정하시고 늘 따듯하시던 마음에도 남아있었을 서운함 이런가? 감정을 억누르시느라 저리 대답이 없으실 지도 모르는데 난 엄마를 흔들어 댄다. '사람은 평생 배워야한다'는 무지와 무식을 일깨우시던 목소리 들리지 않을 때 휑한 가슴을 돌고 도는 것은 효도를 하려 하나 부모는 기다려주지 않는다는 것이다.

휴가

엄마가 계신 그곳에서 4박5일을 보냈다. 사위와 딸과 외손자들이 오는데 노인네 냄새 날까 천으로 된 소파의 커버까지 빨아놓고 쓸고 닦으며 보름을 넘게 기다리신 엄마였다. 마음은 감춰두고 '힘들게 그 먼데서 어떻게 왔느냐'는 말씀에 웃으며 손을 잡았다. 언니와 형부는 여수까지 가서 싱싱한 해산물을 사왔다고 하시는데, 종류도 다양하지만 팔아도 될 정도로 많이 사오셨다. 형부는 회를 뜨고 언니는 매운탕을 끓이고 동생과 나는 상차림으로 분주해졌다. 식사를 겸한 술자리가 시작되었다.

술이며 노랫가락에 둘째가라면 서러운 엄마의 사위들이다. 조카는 색소폰을 불고 형부는 드럼을 치고 노래방기기에 신청곡을 입력하면서 분위기는 뜨거워졌다. 여동생의 제안이 나왔다. 지금부터 만점 받는 사람은 벌금으로 만원씩 내기입니다. 산중턱에 자리한 그 넓은 땅 넓은 집에서는 소음으로 인한 신경을 쓸 일이 없다. 오히려 더욱 크게 하라면서 볼륨을 높인다. 산짐승들이 내려올까 한 번씩 시끄럽게 해 줄 필요가 있다고 했다. 제부는 엄마 손을 겹치어 마이크를 잡으

면서 장모님의 노래를 부탁했다. 안하신다는데 오십이 넘었음에도 제부는 애교를 부리며 재청을 한다.

"어머니 제가 같이 할게요 선곡만 하세요~."

첫인사를 오던 사위들을 첫눈에 오케이 하신 엄마였고, 살아가는 내내 엄마는 사위가 아닌 든든한 아들들이라시며 좋아하셨다. 늘 변함없이 엄마를 챙겨드리는 모습이 감사해서 코끝이 찡하다. 엄마와 마이크를 잡은 것은 처음이다. 엄마의 애창곡은 '이 풍진 세상을 만났으니 너의 희망이 무엇이냐'라는 <희망가>이다. 어릴 때 엄마를 통해 처음 들어본 노래가 당시에는 이해가 되지 않았다. 풍진이라는 생소한 단어를 엄마는 희망에 대한 이야기를 하셨는데, 이해를 할 수가 없었던 그 노래를 부르고 계신 것이다. 전에 들을 때와는 다르게 겨우 이어지는 노랫가락으로 예전처럼 힘이 없다. 고비를 넘기셨고 세월이 흘렀으니 당연하겠으나 내색할 수 없는 안타까움이 흐른다.

작년 봄에 사경을 헤매시던 엄마가 지금 저 노래를 부르시는 것은 형부의 은덕이다. 식사도중 수저를 떨어뜨리셨다고 했다. 수저를 떨어뜨릴 수도 있다고 생각한 언니와 다르게 심각하다고 느낀 형부였다. 서둘러 종합병원으로 모시면서 지체된 시간은 20여분이 채 안되는데, 엄마는 이미 인사불성이 되셨다고 했다. 순천에 있는 성가롤로 병원의 의료진들, 긴박한 시간에 최선을 다해주심도 은덕이었다. 일반인으로 그렇게 신속히 대처하기란 쉽지가 않은 일이라면서, 조금만 늦었으면 사망이나 반신불수로 누워 계셨을 것이라는 의사선생님의 진단이 내려졌지만 아직 깨어나지 못하는 장모님 걱정에 중환자실에서 밤을 보낸 형부였다. 오랜 시간이 흐른 후 우린 가슴을 쓸어내리며 이젠 서울로 가시자고 엄마를 졸랐다. 완강히 거부하시는 엄마다. "형부가 얼마나 나를 챙겨주는데, 안 간다 안 가."라고 말씀하시는 엄마였다.

형부가 "장모님, 이제 그만 올라가세요."하시니 "그런 소리 마시라고, 밀어내도 난 안갈 것이니."라 했고, 아들도 딸도 뒷전으로 밀렸다고 서운해 하니, "너희들이 어떤 말을 하더라도 난 이곳에 살 것이라."고 하시면서 형부이야기로 화재를 바꾸신다. 회생하신 엄마가 고맙고 초기대응을 잘 해주신 형부가 고맙고 식사며 약이며 몸에 좋은 것을 챙겨드리는 언니가 고맙고 매 시간들을 꼼꼼하게 챙기는 남동생과 말벗을 자처하는 조카가 고마워서, 울컥울컥 난 눈물을 쏟는 행복을 느끼고 있다. 엄마의 기분을 한껏 돋워드리고 싶어서 못 추는 춤을 추며 음치는 잊고 노래를 불렀다. 처음으로 부르는 노래를 들으시려 형부는 남편에게 합창하지 말라는 사인을 보내는 시간이 행복 속에 지나고 아침이 되었다.

형부는 복어를 손질하고 언니는 시원하고 맛깔스런 국을 끓였다. 복어국과 해장술로 시작하면서 장작을 갖고 오자는 소리가 나왔고, 우리는 누구랄 것 없이 몇 차를 날아왔다. 넓은 집을 데우려면 형부와 남동생 둘의 힘보다는 여럿이 날아오는 것이 보다 힘이 될 테니 다음날도 나무를 날랐다.

미안해하며 '가지말자'는 형부를 만류하면서 재미삼아 장작을 나르기 시작했다. 따뜻한 겨울날 재밌는 추억을 만들며 운지버섯도 얻는 행운을 얻었다. 운지와 여러 약재들을 넣고 끓였으니 오며가며 물대신 마시라는 언니의 말에 '보약이네요' 하면서들 모여 앉았다. 나무도 해왔으니 가마솥에 장작불을 지피고 콩을 삶기 시작했다. 콩이 익었는지 서성이시는 엄마는 연실 싱글거리신다. 동생들이 콩을 퍼주면 남편은 콩을 받아들고 나와 언니는 앉아서 메주를 만들기 시작했다. 먼저 엄마는 시범을 보이셨다. 반듯한 메줏덩이가 하나씩 둘씩 늘어가는 밤이다.

조카와 제부, 그리고 형부는 숯불을 준비하고 낮에 준비해놓은 쑥을 챙겨 넣었다. 한쪽에서는 영덕대게가 익어가며 모락거리는 김이 나왔고, 그이는 한쪽에서 키조개와 삼겹살을 굽고 있다. 남동생은 곳곳에 필요한 것들을 챙기느라 분주한데, 무심코 바라본 하늘에서 별은 무리지어 우리를 보고 있었다. 맛있는 밤을 행복한 웃음으로 또 마무리한다.

아침부터 눈이 나리기 시작했다. 작은 가루눈이더니 큼직한 꽃송이 되어 내리는데, 사면이 반사경으로 만들어진 산속에서 보는 설경이란

상상이외다. 경치도 다른데 바람의 방향 따라 눈의 요염함도 모두 다르게 보인다. 바람이 없는 이쪽은 고즈넉한 품 같기도 하고, 바람이 불고 있는 저쪽은 도망치듯 달려가고, 그 옆은 회오리처럼 빙빙 돌다가 자리에 앉는 눈이다.

먼 산자락을 보니 유럽 같다는 동생의 말이다. 편백나무 위에 사뿐사뿐 내려앉는 눈은 내 마음 나무위에 올려놓더니 우리식구들 모두를 올려놓았다. 흔들리는 편백나무의 숨결을 맡으며 평안한 몸으로 마음으로 행복의 웃음꽃이 또 피어나고 있다. 행복에 겨운 순간들을 뒤로 하고 우린 삶의 터전으로 와야 하는 시간이 되어갈 때, 엄마는 시끄러운 정겨움을 보내야 하는 시간이다.

용돈을 드리며 잡은 손을 통해 마음은 아쉬움으로 채워져 간다. 춥다고 차창유리를 올리라는 엄마의 말씀에 순종하는 척, 서둘러 차문을 닫으며 우린 빠져나왔다. 아직 가라앉지 않은 흥분으로 엄마는 우리가 어질러놓은 집안을 정리하면서 잠시 기쁨 속에 머물고, 봄이면 다시 올 식구들을 벌써부터 기다리고 계시겠지.

나도 벌써부터 봄이 그립고 기다리실 엄마가 그립다. '내일가면 안 되나?'시며 미련을 보이시던 엄마와 보조개 띈 모습으로 웃음은 지었어도 쓸쓸해 보이는 형부와 아름아름 챙겨주느라 땀에 젖던 언니의 모습, 빠진 것이 없는지 한 번 더 챙기는 꼼꼼한 남동생과 우리 집은 다시 썰렁해졌다며 이내 아쉬움을 감추지 못하는 조카의 흔들어 주는 손이 점차 멀어지는데, 멧돼지를 잡았던 황금 이와 캄보는 차 꽁무니에 붙을 듯 말듯하게 한동안을 따라오고 있다. 며칠 동안 먹을 것을 챙겨주었더니 그들도 헤어짐이 싫은 것인지. 엄마가 계시는 곳이니 친정이라 생각하라 시던 형부의 말씀이 고맙게 들려온다.

휴가

계곡 맑디맑은 물에 발을 담그니
물 오염될세라 냉기로 밀어내던 곳
닷새, 짧기만 했던 그곳
밤이면 산짐승의 삶이 들리고
낮이면 새들의 삶이 이어지는 곳
다양한 구름모양 눈이 부시어 잠시 눈을 감으면
바람님 시원히도 깊은 잠들게 하는
푸르름 한껏 담아 이곳에 살고프다 넋두리하니
백운산 말없이 나를 표용하네

그녀를 보내놓고

경상도 사투리의 그녀가 내게 다가왔다. 낯가림이 심한 나는 서울 깍쟁이다.

"행님아, 뭐하누?"

"응, 나가려고."

아줌마들의 수다에 취미가 없는 나는 늘 나가려는 시간이라고, 변명 아닌 변명을 만들기에 급급했다. 그렇게 10여 년을 지내다보니 깍쟁이 내 성격은 그녀에게 무너져 이젠 내가 문자든 전화든 하게 되었다. 마트도 함께 가며 때론 친구가 되어 속내를 털어놓는 사이가 되었다. 부부싸움을 하는 날이면 둘은 죽이 맞아 수다를 떠는 날이기도 했다.

그녀가 왔다. 아이스크림이 먹고 싶다고. 살이 찐다고 단 것을 피하는 그녀이기에 나와의 시간을 만들기 위한 핑계라는 것을 나 또한 모를 리 없다. 팔월 중순이면 이사를 가려니 20여 년 쌓아온 정으로 감정이 울컥 한 것 같다. 그녀는 지금 삼층에 살고 있다. 팔월 중순이 지나면 습관처럼 삼층으로 올라가더라도 썰렁함이 묻어 있을 거라 생각하니 내 마음도 벌써부터 허전한데 오죽할까?

무더운 날씨였는데 저녁시간이 되어가니 바람도 불고 시원하다. 그녀가 운동을 나갈 시간이다. 운동을 가면서 오면서 그녀는 늘 문을 두드린다. 이제 들어와 집안일을 할 시간이지만 오늘은 만사 뒤로 미루고 그녀와 걷고 싶은데 벌써부터 고인 눈물을 보이기가 싫다.

"너도 바보. 나도 바보. 그렇게 가기 싫은데, 그렇게 보내기 싫은데 가지말지, 보내지 말지……."

이사

살랑하니 들어와 내 몸을 감싸는 바람
부드러운 것이 마치 솜사탕 같아 끈적임 남기고
살그머니 들어와 내 손을 감싸는 바람
부드러운 그녀의 손길 같아 촉촉해진 손바닥
바람 따라 소낙비 같은 눈물 흐를 때
떨리는 마음으로 누르는 버튼
그녀의 목소리 흘러와 어제는 웃음 가득 했는데
오늘은 지나가는 여운만 남아
무관심한 척 했어도 빈자리의 고독은 고통으로 채워지네
그녀는 내 옆에서 벌써 느꼈을 그 외로움
떠나라 하지는 않았다는 변명만을 아직도 늘어놓는데
행님아 뭐하누 운동하러 안가나
내 귓속에서 그녀 서성인다

장날인 오늘은 선거 후보자들과 관계자들이 많이 모였다. 도지사 후보를 보기 위해 동생과 조카는 양주에서 왔는데 뒤의 사람들은 부천에서 왔다고 한다. 이 당 말을 들으면 이 말이 옳고 저 당 말을 들으면 저 말이 맞고……. 이곳에서 짧지 않은 시간을 살다보니 후보도 아는 사람이 많다. 후보는 마음에 드는데 당이 마음에 안 들고 당은 좋은데 후보는 마음에 안 들고 둘 다 좋은데 공약이 마음에 걸리고……. 주민을 위해 꼭 필요한 공약을 하는지 선심성인지를 따지는, 나는 정치에 관심이 많은 편이다. 어느 후보 연설 도중 굵은 소나기가 쏟아졌다. 종일토록 좋은 날이었는데 차량 위에 있는 저 사람들 안쓰럽다는 생각이 들었다

4년 전 유세장에도 2년 전 시장의 공석으로 인한 유세장에도 장날이었던 그날, 난 그녀와 함께 했었다. 멀리 경주로 이사를 간 그녀를 그리며 그의 그림자라도 찾아다니듯 시장도 돌고 신호등을 몇 차례나 빙빙 돌다왔다. 아마도 나를 여러 차례 본 사람이라면 '저 여인 어지간히 할 일도 없나 보다.'라고 했을 것 같다. 그녀와 동행하던 모습이 스크린처럼 스치니 집에 들어가기가 싫었던 시간이다. 그녀의 그림자도 체취도 찾지 못하고 터덜거리는 우물가에서 숭늉 찾는 내 모양이 처량하기만 하다.

집에 와서 그녀와 통화를 하면서 목소리를 들으니 더욱 그리워 마음이 아프다. 너무도 아파서 울고 싶은데 울음은 나오지 않는다. 짝 잃은 외기러기는 이런 심정일까? 다시 밖으로 나갔다. 자주 가던 카페로 들어섰다. "왜 같이 안 오셨어요?" 멀리 간 그녀가 너무도 그립다.

내 사랑 어머니

2년 만에 상경하신 엄마 고마워요!

중환자실로 실려 가시더니 최후를 준비하라는 의사선생님의 말씀을 듣던 날은 낮부터 밤이 새도록 장대비가 내렸지요.

청상이 되시던 서른아홉 젊으신 나이, 칠 남매 중에 막내는 다섯 살이었지요.

아버지의 빈자리를 채우시느라 엄마는 새벽부터 밤늦게까지 집을 비우셔야 했습니다.

돌아가면서 막내를 돌보던 우리는 친구들과의 어울림에 방해를 받아도 즐겁기만 했습니다. 초등학교 졸업만 하면 공장에 보내라는 큰아버지 말씀에 그럴 수 없다고 하니 큰아버지는 혹시라도 내게 손 내밀지 말라고 엄포를 놓으셨다고 하셨지요. 밥은 굶어도 학교는 보내야한다는 일념으로 우리를 키우시면서 옆집으로 기성회비를 빌리러 다니시던 기억이 납니다. 큰언니, 둘째언니가 졸업을 하면서 동생들 뒷바라지를 도왔고 사회인이 되다보니 하나씩 둘씩 짝을 찾아 떠나도록 뒷수습을 하셔야했던 엄마는 자신의 인생은 안중에도 없이 긍정적인 생각하나로 일관하는 삶을 살아 오셨지요.

형부와 언니가 함께한 저녁시간에 수저를 떨어뜨리든, 형부는 의사도 아닌데 신속한 대처로 엄마를 종합병원으로 모셨고, 중환자실에서 엄마 손을 잡고 밤을 새우며 기도를 하셨다는데, 사위를 무척이나 어려워해서 아직도 반말을 못하시는 엄마는 침대에 그리 누워계시나요? 다섯 시간을 달려서 내려갔으나 '왔니?'하고 반색도 안하시고 모른 체하시나요? 일주일이 지나 엄마가 눈을 뜨실 때 우리를 출산하셨을 순간처럼 우리는 얼마나 행복했는지 모릅니다.

그러나 시술을 해야 하는데 기력이 없어 불가하다는 말씀에 또 한 번 덜컹 내려앉는 가슴 이었습니다 드시고 싶은 것을 드리고 민간요법도 허용한다는, 최후통첩을 차마 말할 수 없어 우린 엄마 앞에서는 웃고, 면회가 끝나면 울음바다가 되었지만 서로에게 울지 말라고 위로조차 할 수도 없었습니다.

1년 동안 언니와 형부의 지극정성으로 차츰 좋아진다는 엄마의 건강을 믿을 수 없어, 몇 시간 거리를 자주 내려가는 수밖에 없었는데 기적이 일어났어요. 몇 시간 동안 차를 타고 이곳으로 오셨음이 신기하고 고맙고 기쁘기 그지없습니다.

편백나무 가득한 언니 집에 사시는 것이 엄마를 위한 길인 것을 알기에, 잠시 쉬시고 보내드려야 하니 입맛에 맞고 몸에 좋은 싱싱한 먹을거리를 찾아서 마트로 장터로 다니고 있지요. 불경기에 가능한 열지 않던 지갑을 열면서도 기분이 좋아 날듯한데, 그이는 틈만 나면 어머니 좋은 것 좀 해드리라고 잔소리 아닌 잔소리를 하더니 견과류

를 사왔지요. 껍질째 있는 땅콩은 손 운동이 되니 혈액순환에도 좋다며 드시라고 권하고 있을 때 웃으시면서 "알았어요."하시는 엄마의, 사위 어려워하는 모습을 뵈니 엄마 정말 많이 좋아지셨구나 싶네요.

'효도를 하고 싶으나 부모는 기다려주지 않는다.'는 명언을 뼈저리게 느꼈던 시간이 있었기에, 칠남매가 엄마 뺏기를 하는 요즘 너무도 행복합니다. 우리 집에 며칠 계셨다고 막내가 모셔 갔는데 넷째 딸이 며칠 후에 또 모셔간다고 기다리고 있어요.

이틀밖에 안되었는데 난 엄마가 보고 싶어요. 다들 내 맘 같을 테니 떼를 써서 모셔올 수도 없으니 전화라도 자주 드릴게요.

늘 우리를 품어주시던 엄마! '세상에서 가장 존경하는 이가 누구냐'고 물을 때, 유명 인사들의 이름을 거론하지만 난 '우리 엄마'라고 자랑하며 큰 것을 이제야 고백합니다.

엄마의 딸로 태어난 것보다 더 좋은 선물은 세상에 없을 것입니다. 나의 엄마가 되어주셔서 고맙습니다. 부디 건강 또 건강하세요.

셋째 딸 드림

2014년 4월 1일

포천문화원 주최 '사랑의 편지 공모전' 다정상 수상작

빛나는 눈동자

친정어머니도 시어머니도 그들이 오면 자식들 모르게 물건을 사들이다보니 곳곳에 숨겨 놓으셨는데, 날아온 지로용지가 화근이 되었다. 집안이 발칵 뒤집히고 '왜 그런 곳에 가셨느냐'는 타박과 '왜 그런 물건을 사셨느냐는 타박'으로 그 칠일이 아니었다.

가격은 상상을 초월하지만, 믿을 수도 없는 제품을 만병통치약으로 알고계시니 심각한 문제였다. 미리 개봉을 유도하며 반품의 빌미를 없애고 2~3개월마다 동네행사처럼 사람이며 품목이 바뀌어가며 들어오는, 그들로 인해 오랜 세월 불화가 지속되었다.

우리는 그들을 약장사라고 불렀다. 노인들의 술렁거림이 시작되면서 암암리에 찾아와 구경을 가자는 친구가 있었다. '20개 담긴 휴지를 매일 준다'고 하면서. 나는 '그곳은 노인들이나 가는 곳이 아니냐?' 반론하면서도, 어머니들이 개근을 하시는 것에 대한 이유를, '적군을 알아야 이길 수 있다'는 생각을 하며, 어머니들을 두 번 다시 못가시게 할 방법을 탐색하려는 생각으로 따라나섰다.

노인들을 상대하니 대충일 줄만 알았는데, 문전에서부터 마음을 사로잡으려 한 분, 한 분을 대하는 인사말부터 예사롭지 않다.

'힘들어 보이시는데 어디 편찮으세요?', '참 고우시네요.', '우리 누님 닮으셨네요.', '이렇게 찾아주셔서 감사합니다.' 등…….

그 사람들의 말을 인용하면 어머니들을 위해서 황실을 꾸몄으니 부담 없이 마음도 몸도 편안한 시간 보내시라고 하는데, 상술의 시작이라는 생각을 왜 못하시는지, 의도를 감추려 웃고 있지만 내심 놀라고 있었다.

"약장사가 아니라 웰빙 세미나장이라고 불러주세요, 약장사는 약사가 약장사이거든요."

사회자가 자신을 이 상무라고 소개하며 남긴 말이다. 유머와 합창이 이어지고 노래자랑시간이 되었다. 사회자가 멘트를 한다.

"지목을 기다리지 말고 자발적으로 손을 드세요, 우리 어머니들 치매예방을 위해 집 전화번호와 주소부터 외우세요. 더운 날씨에 입맛 없다고 대충 한술 뜨면 몸 상하니 반찬은 꼭 챙기세요, 집에 있는 며느리 타박하지 말고 내가 먼저 잘해주세요, 고생만 하신 어머니들을 오늘 저희가 모시겠습니다."

이론상으로는 구구절절이 옳은 말이다. 치매예방을 앞세워, 판매를 한 뒤에 필요한 주소와 전화번호를 외우게 하는 그들의 상술에 놀아나는 우리의 어머니들을 생각하니 틀린 말은 아님에도 속이 부글거린다.

'그럼, 맞는 말이지.'하며 여기저기서 몇몇이 수군거리더니 박수를

친다. 내가 보기에 그들은 바람잡이이다.

웃음 가득한 얼굴로 덩달아 박수를 치는 많은 분들의 행복이 발산되는 듯, 빛나는 눈동자를 느끼며, 공감대를 형성할 수 있는 무언가를 찾아야한다는 생각이 순간 떠오른다.

"저 살기 급급하다는 이유로 손을 잡아본지는 기억도 까마득한데, 어디가 편찮으신지 무엇이 드시고 싶으신지, 하루는 어찌 지내셨는지 여쭈어 본적이 있느냐"고, "고생으로 키워놓으니 뒷전으로 밀려나신 설움을 묻으며, 약장사 들어오면 시간을 소일할 요량으로 가다보니 자식보다 낫더라"고, "꼭 필요해서가 아니라도 팔아주고 싶은 마음이더라."고하소연 할 상대를 찾았다 싶으셨는지 옆에 앉으신 할머니께서 내게 하소연을 하신다.

며칠째 걸음을 했지만 물건을 팔아달라는 말이 없으니 의아했는데

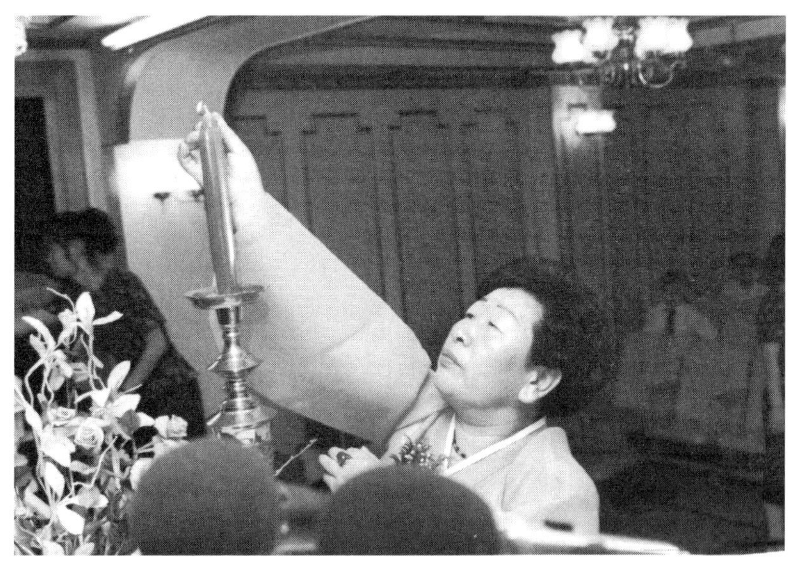

그러함에도 어머니들이 아름아름 사들이는 것에 대한 이유를 어렴풋이 이해 할 것도 같다. 시어머님이나 친정어머님이나 나의 말에 눈동자 빛나도록 좋아하신 적이 얼마나 있었으며 나는 또한 그분들의 고독을 헤아려 본적이 있었던가? 서너 차례를 다녀온 뒤 일주일이 되도록 고민을 해보며 자문하지만 대답을 할 수가 없다. 내가 하지 못한 효도를 '그들을 통해 위로 받고 계셨나 보다.'하는 생각에 죄송한 마음마저 든다.

친정어머니가 좋은 물건이라며 내놓으신 것 중에 작년에 사오신 냄비가 있다. 바닥이 두꺼워 무겁기도 하고 열전도가 늦기에 쓰다두었더니 뻘겋게 녹이 슬고 해서 투덜거리던 나였다.

늦은 열전도는 내 마음이 둔함이요, 무거움은 불효만을 했으니 마음이 무거움이요, 녹이 슬어 거친 것은 어머님께 향한 나의 거친 말투라는 듯. 그들의 상술이 성공할 수 있었던 이유를 아느냐고 따지는 듯, 냄비가 나를 바라보는 것 같다. 그들에게 마음을 빼앗긴 어머니는 미처 닿지 않는 효를 그들로부터 충전하실 때, 외로운 그 마음 오죽 하셨을까? 행복을 느끼실 권리가 있으신 당신을 위해, 세상도 가족도 존재함을 전해드리려 마음의 준비를 한다. 우리와 마주하는 시간에 더욱 밝은 얼굴이 되셨으면 하는 속내를 감추며, 가족들 모두 어머니의 시간에 관심을 기울이면서도 그곳에 가심은 모른 체 했다.

서너 달이 흘렀을 무렵 새로운 품목으로 그들의 유혹이 다시 시작된 날 줄을 잇는 어머니들을 보았다. 모르는 체 두 분께 용돈을 드리고 바람이나 쐬고 오시라고 하면서 보이지 않는 기 싸움을 하고 있다. 오늘도 그곳에 가신다면, 아직도 두 어머니는 쓸쓸한 가슴으로 지내시는 것이니, 미흡한 효를 반성해야 하리라.

반 체념으로 저무는 하늘을 맥없이 바라보는데, 약장사구경 안가고 약수터에 다녀오셨다며 양손에 과일을 사들고 오셨다. 울컥, 심장이 요동친다. “아! 어머니…….” ‘감사합니다.’와 ‘죄송합니다.’ 둘 중에 어떤 말씀을 드려야하는지, 입을 뗄 수가 없는 순간이었다.

그들이 동네를 드나들면서 웃음꽃이 핀 것은 실로 오랜만의 일이다. 무조건 반대했던 우리였다. 그것이 당연하다고 생각했었다. 사실 ‘노인들이 왜? 그곳으로 가셔야만 했는지’에는 관심을 두지 못했었다. 못가시게 할 요량으로 몇 차례 가면서 느낀 것은 마치노인을 위한 프로젝트인 것처럼 모든 분들의 공감을 얻고 있음을 보았던 것이다.

“간혹, 무료하실 때면 다녀오세요, 생필품을 사시는 것으로 자릿값을 내신다. 생각하시고, 숨겨놓을 물건은 안사셨으면 좋겠어요."라고 조심스레 말미를 열었다.당당히 바라보시는 두 분의 어머니는 누가 먼저랄 것도 없이 손사래를 치신다. 방문을 닫으며 생각에 잠긴다. 세대를 뛰어넘는 공감대에는 무엇이 있을까?

엄마와 양말

아버지께서 등잔에 불을 붙이시느라 성냥불을 켜시면 유황냄새 가득 움켜쥔 안방 아랫목에 칠남매가 비집듯이 앉아있고, 라디오연속극이 끝날 즈음 엄마가 화롯불을 뒤적이시면 불냄새를 머금은 동글동글한 감자가 군침을 삼키게 한다.

'어디 발들을 내밀어봐…….' 아버지의 말씀이 떨어질 때면, 아직 씻지 않은 누군가가 후다닥 밖으로 나갔고 양은 세숫대야소리 요란한 다음 방문이 열린다. 아버지는 아이들의 발을 손바닥으로 재면서 '작년보다 이만큼 더 자랐다고' 대견해 하시며 뜨개질을 시작하신다.

털실로 뜬 양말을 신고 엄마는 마실을 가셨다. 옆집 아줌마는 남자가 뜨개질을 하느냐는 질책이었지만 웃으며 들어오셨고, 며칠 후 외가댁에 가시면서 또 빨간 양말을 신으셨다. 외할아버지의 불호령이 떨어졌지만 엄마는 웃고만 계시다. 내심 남편이 떠주었다며 으쓱이고 싶었을 마음이 아니었을까?

당시는 아이들의 헤진 양말을 깁고 남편의 헤진 양말을 기워 신었던 아낙네들을 흔히 보았던 터이다. 비아냥거림에도 장인어른의 꾸중에도 아랑곳 않고 아버지는 해마다 엄마 양말부터 뜨셨다. 사랑의 표시인 듯 엄마의 입가에 머문 미소로 더불어 웃으며, 정해진 순서대로 탄생될 우리의 양말을 기다리다 잠이 들곤 했다.

엄마는 뜨개질은 취미도 없었지만, 워낙 빠른 아버지의 솜씨만으로도 칠남매의 양말은 부족함이 없는데, 헤진 것들을 바구니에 담아놓으신다. 아버지께서 버리라고 하시면, 난 속으로 쾌재를 불렀는데, 엄마는 '아이들의 발을 포근히 감싸주었는데 어찌 버리느냐?'시며 헤진 자리를 꿰매셨다. 새 양말이 되었다며 신으신 것을 볼 때면 내발이 시린 듯, 발바닥이 배기는 듯 마음이 편하지 않았다. '새 양말도 많은데…….'라고 툴툴거리지만 말없이 웃으시며 해마다 반복하심이 이해되지 않았다.

키도 발도 유난히 작은 엄마의 양말이나 신발을 사기는 참으로 힘들었다. 그래도 양말은 초등학교 저학년 아이들 것을 사면되는데 구두를 살려면 많은 상점을 돌고 돌아도 살까말까 싶었다. 한 치수 큰 것은 벗겨지니 불편했고 가장 작은 치수는 찾는 이가 한정되니 준비해놓는 곳은 거의 없었다.

길가에 노인들 옷을 파는 할머니가 계시다. 장애를 안고 있는 딸과 사시는 할머니를 돕고 싶은 마음에 옷을 사다가 엄마를 드렸더니 예쁘고 편하시다 며 좋아하신다. 옷값보다는 딸의 마음을 고려해서 더욱 좋아하시는 듯 했지만 그를 계기로 7년이 넘는 단골이 되었다.

어느 날부터 일부러 돌아가기도 하면서 외면하고 걷는데 할머니께서 부르신다. 고마워서 준비했으니 엄마께 드리라며 내미신 옷은 예쁜 색으로 엄마가 좋아하시던 디자인이다. 울컥 이는 마음을 억누르며 마음만 받겠다하니 마음에 안 들면 다른 것으로 주신다는 말씀이다. 연세가 많으신 분께 엄마가 돌아가셨다는 말씀을 드릴 수가 없는데 그만 눈물이 흐른다. 돌아가셨음을 생각하시는지 어깨를 감싸며 안아 주시는데, "예쁜 아줌마 울지 마요." 발음이 잘 안되어 힘들게 이야기하는 그녀, 오가며 손도 잡아주고 소소한 이야기를 들어주니 예쁜 아줌마라고 부르는 할머니의 딸이다. 집으로 향하는 내게 그녀는 새끼손가락을 보이며 웃어주는데도 불구하고, 무력증에 빠진 채 서랍장을 열었다.

엄마의 옷가지와 양말이 보인다. 작은 양말과 예쁜 옷들을 사들였었다. 가지런히 누워있는 새 옷과 새 양말들보다는 엄마가 신던 양말과 입던 옷에 쏠리는 시선이다. 누군가 신어주기를 갈망하는 듯 그들의 애원이 나를 잡고 늘어졌다.

걸어서 퇴원하리라고 물리치료를 받을 때면 얼마나 열심이셨던가. '병실 밖에 피어 있는 꽃을 보고 싶은데 휠체어가 아니라 걸어서 가고 싶고, 성당을 가고 싶다'고 하시던 간절함을 이루려면 신발을 신어야 하고 그리되면 양말을 신어야했는데 걸을 힘도 없었지만 '답답하다'고 '벗기라'시던, 맥 풀린 모습으로 지내던 시간들이 가슴을 옥죈다.

애원하는 것은 양말이 아닌 엄마의 마음 같다. 작은 양말을 늘리며 신고 약수터를 다녀오고 마트를 다녀오고 길을 배회했다. 발가락이 아프다. 내일은 어디를 갈까? 엄마는 가셨지만 그토록 소망하던 그것들을 하나씩 생각해낸다. 엄마의 양말이 걷고 있으니 이왕이면 웃지고 자신을 챙긴다. 꽃집에 가서 꽃을 보다가 거리로 나섰다. 들꽃을 보며 도란도란 얘기를 나눈다. 엄마 향기가 들꽃에 스며있다. 엄마는 오늘 걸어가서 성모님을 뵈었고 신부님과 대화를 나누신다. 엄마가 밝게 웃으신다. 공연장으로 엄마를 모신 딸들이 줄을 잇는 그곳에 가서 엉엉 소리 내어 울고 싶지만 차마 갈 수가 없다. 연극이 극에 달했을 때 모녀간은 부둥켜 우는데 가까스로 참고 있는 울음보를 터트림보다는 엄마의 양말을 신었음을 기억하며 발길을 돌린다.

할머니 앞에 섰다. "저 예쁜 옷 주세요. 바지도 주세요, 아니 무엇하려고, 누워있는 언니가 있어요. 예쁘기도 한데 편할 것 같아요." 윗옷과 바지를 몇 장 골랐다. 엄마가 입원했을 때 '퇴원하면 다니러 가야 할 텐데 옷이나 사다줄까?'라고 하셨던 말씀이 떠올랐다.

장애를 갖은 딸을 낳았다고, 다른 여인과 평생을 살다가 한 달 전에 유명을 달리한 남편이라도 살아 있을 때와는 다르게 빈자리가 큰데 오죽하겠느냐며 할머니께서 나를 다독여주신다. 사별은 이유를 막론하고 마음 아픈 공통점을 갖고 있는 것일까? 하지만 조강지처의 가슴을 평생 후빈 망자를 위해, 가식을 떨고 싶지는 않기에 말없이 위로만을 받으려니 민망함이 감돈다. 조금이라도 보탬이 되기를 희망하며 팔아 드릴 때는 이렇듯 큰 도움을 받으리라는 생각은 못했었다.

'너무 울면 속상해서 좋은데 못 가신다고, 미어져 좁디좁은 가슴속에 웅크리고 계셨을 엄마께서 얼마나 힘드시겠냐고', 엄마를 앞세우며 그로인해 나의고통을 덜어주시려는 할머니의 마음에 젖어들어 눈물이 흐르면서도 마음이 다소 진정되어 간다.

넋 놓았던 현실을 추스르며 휑한 가슴 해후의 모습으로 채우려는 이기적인 본능이 시려온다. 맨발을 보았던 그날보다 더욱 시리다. 몸도 맘도 시렸을 엄마의 40년 세월이 쓰리게 스친다. 시린 마음 달래 줄이는 아버지뿐이라 생각하셨는지 합장을 원하셨다. 사별로 인한 모진 풍파에도 오랜 세월에도 퇴색하지 않은, '발 이리 내밀어보소' 하실 때 수줍어하던 아름다운 여인을, 손등을 타고 미끄러졌을 털실로 예쁜 양말 수북이 쌓아놓고 이제나 저제나 기다리셨을 것 같은, 아버지께로 보내드린다.

내 눈에는, 해마다 버리지 못한 것은 헤진 양말이었는데, 엄마에게는 아이들의 온기가 서려있는 남편의 사랑이 머문 시간들이었음이, 애틋하게 떠오른다.

못 다한 이야기

어머니 통장에 있던 돈이라며 찾아와 그 사람은 내게 삼십만 원을 주었다. 어머니가 주시는 돈이니 옷이나 하나 사 입으라고……. 시어머니의 분신 같은 돈을 들고 그릇가게를 갔다. 고상하고 좋아하실 만한 무늬를 고르는 중이다. 시아버지는 좋아하실까? 시어머니는 좋아하실까? 또 큰어머니는 좋아하실까? 만지작거리며 이렇게 까다롭게 제기로 쓸 그릇을 고르기는 처음인 것 같다.

시대에 걸맞지 않게 우리 집에는 상청이 있다. 그렇다고 내가 철저한 유교신자도 아닌데 돈푼이나 내고 스님에게 부탁하면 되련만, 마지막 진지만큼은 내 손으로 드리고 싶은 마음도 있었지만 아직은 어머니를 보내드릴 마음의 준비가 안 된 그 사람을 위해 조석으로 따뜻한 메[1] 한 그릇 떠놓으며, 정리할 시간을 주고 싶은 생각이다. 어머니가 앞에 계시기라도 하듯 말도 잘한다. 오늘은 무얼 먹고 왔는데 '혼자 먹어 죄송해요'라든가 출퇴근하며 꼬박이 하는 인사며 때론 묵념하듯이 고개를 숙이고 속엣 말을 하는 그 사람, 상청이 없었음 어

1) 제삿밥을 이르는 말

찌할까 싶다.

오랜 세월 잔병치레를 하시더니, 10여 년 전에 암으로 인하여 투병하셨고 합병증으로 인하여 잦은 입원을 하셨지만, 이제는 많은 연세에 항암 치료도 아니 되는 병고로 진통제도 효과가 없어 고통스럽던 시간들, 당신을 위해서라도 그만 가셨음 하더니 가신 분을 보내지 못하는 아들을 지켜보는 내가 혼란스럽다.

아침 일찍 메를 짓고 몇 가지 반찬에 국을 끓여 올리고, 고등학생인 두 아이의 아침밥을 챙겨 먹이고 그 사람의 아침을 준비한다. 아침에 움직이는 것을 유난히 싫어하는 나였기에 내가 원해서 하는 일이지만 어떤 때는 짜증이 나기도 했다. 상청에 대고 짜증을 내는 것은 아니지만 말없이 지켜보시는 시어머니, 모두들 나간 뒤 영정사진을 마주하고 넋두리한다. 천식이 있어 아침에 움직이는 것, 힘들어하는 것 아시잖아요. 며느리의 투정 받아 주세요.

혼자 있는 시간이면 그분은 친구도 되고 고부간도 되지만 주절주절 이야기는 늘 나 혼자 한다. 그러다가 지치면 소파에 눕다가 벌떡 일어난다. 혼자인 줄 알았는데 시어머니가 나를 보고 계신다. 영정사진일지라도 버릇없는 며느리는 되고 싶지 않아 슬그머니 방으로 들어가지만 못다 한 이야기하고 싶어 어머니 앞에 다가선다.

웃고 계실 때도 있고 어느 때는 슬픈 표정으로 계신다. 짓궂은 며느리는 '슬프시냐?'고, '왜 슬프시냐?'고 몇 번을 여쭈어도 냉정한 시어머니 말씀이 없으시니, 되래 내가 울보가 되어 엉엉 울어버린다.

시끄러운지 토닥토닥 나를 달래 주시는 어머니와의 인연은 20여 년이니, 드릴 말씀도 듣고 싶은 말씀도 얼마나 많은데 말씀이 없다는 이유로 난 또 삐쳐버린다. 저녁이면 해지기 전에 상식을 올려야 하는데, 장사를 하는 입장이니 그것 또한 불편이 컸다. 오후 세 시만 되면 부랴부랴 마트로 간다. 주방에서 꼼지락 거리던 손에 묵직한 쟁반이 들려지면 웃음이 머문다.

시어머니 상청에 프리지아를 올리며

한 단의 파를 가슴에 안고 오는데
상청의 꽃이 생각난다
이틀 지나니 한 잎 두 잎 떨어지고
향기도 그새 다 날아간
프리지아 꽃이 눈에 들어왔다
개나리 담장 속에 평생을 살아오시던
노란색에 마음 끌리어
곱고 예쁜 프리지아 꽃을 올려드리니
머금은 미소로 화답하시는데
서글픈 표정으로 답하는
예의범절도 모르는 며느리

이렇게 지내다보니 49재는, 생전에 못한 효도를 마음 아프게 하는 그것이기에 벌을 받기 위한 시간이요, 마지막으로 죄 사함을 받기 위한 시간이 아닌가 싶다.

이승에 머무는 마지막 시간이 49일이라는 설이 있어, 혼자 말씀

드릴 지라도 혼만큼은 계시어 나의 마음을 읽으셨으면, 아들의 안타까워하는 마음을 아셨으면…….

상청을 치웠다. 피로가 쌓인 듯싶다. 그 동안의 회한이 나를 감싼다. 맏며느리라는 이름에 지워지던 십자가 아닌 십자가를 지기에 힘이 들었던지 스르르 잠이 들었다. 그동안 고맙다고, 고마웠다고 하시며 사인교에 앉아계신 시어머니 점차 멀어지시는데, 아무 말도 못하고 바라만 보다가 일어났다. 아버지를 만나시거든, 이승에서 사시던 똑같은 집을 지어달라고 말씀하세요! 안방에선 두 분이 해로하시고 작은방은 저희들의 몫으로 남겨 놓으시라고요. 못 다한 이야기 허공에서 춤추듯 시어머니 따라간다.

(사)한국문인협회 경기도지회 주최
2011년 제15회 경기신인문학상 수상작

결정권

투병으로 오랜 시간이 흐른 뒤, 병원에서는 더 이상 해줄 것이 없다며 퇴원을 권하니 사실상 사망선고를 받았다. 가끔은 일반적인 호흡을 할 수 없는 상태가 되더니 점점 심해져 더 이상 집에서 모시는 것은 불가능하기에, 요양원으로 모셨는데 첫날부터 집에 따라간다고 울고 계시던 분, 고인이 되어서야 뜻을 받아드리니 상주도 문상객도 서러움 가득한 장지이다.

몰아친 한파로 손이 곱았고 입이 얼어서 말을 하면 발음이 제대로 되지 않았다. 땅이 얼었을까? 포클레인으로 땅을 파는 그곳으로 모두들 시선이 고정되었다. 양지쪽이라 얼지 않은 고운 흙이 나오니, 돌아가신 뒤 첫 웃음을 짓는 상주들이다.

아침 일찍 목욕을 시켜드리고 화장을 해드리고 삼베옷을 입힌 뒤 예쁜 꽃신을 신은, 고인을 안치시키고 돌아가며 한 삽씩의 흙을 그 위로 뿌려댄다. 혹여 동물들에게 훼손당할까 석회가루를 뿌리고 또 흙을 뿌렸다. 추워서 벌겋고 눈물이 흘러 벌겋고 보내기 서러워 곡을 하다 보니 혈압이 올라 모두들 얼굴이 벌겋다.

'달구질'을 하는 저들 북을 두드리기 시작했다. 북소리의 시작에 맞추어 상주들은 지폐를 꺼내어 북에 끼운다. "내가 북을 두드리면 왼발 두 번, 오른발 두 번 밟아주면서 돌아가는 겁니다."라면서 가신 이의 설움을 대변하는 목청이 수 대째 내려온 종가 묘역을 휘감고 있다. 잠시 쉬며 목을 축이더니 노잣돈이 달랑거린다는 능청으로 다시 상주들의 주머니를 털고 나서야, '달강달강 잘도 다져지네, 의허 의허라 달강'하며 저들의 몸은 뒤뚱거리고 기우뚱 거리면서도 정해놓은 룰을 따라 빙글빙글 돌아가면서, 저렇게 발로 밟는 것도 모자라서 지팡이 같은 막대로 꾹꾹 흙을 쑤셔 넣는다. 마치 내 가슴을 쑤시는 듯 저려오는 가슴은 추위도 느껴지지 않았다.

두해 째를 맞으며 보금자리지역으로 선정이 되면서 산소를 이장해야하는 일로 고민을 하게 되었다. 인터넷을 뒤지며 납골당 시세를 알아보니 천차만별이고 산소를 택하자니 그 또한 소위 명당이라는 곳은 부르는 것이 값이며, 수목 장 역시도 만만찮은 가격이지만 돈을 떠나서, 납골당도 산소도 수목장도 소소한 문제들이 잠재해있으니 곧 사라질 종산이 벌써부터 그립다. 해마다 잔디를 사고 벌초를 하며 자연재해로 훼손이라도 되었을까 들여다보는 생활을 해왔기에 산소의 장, 단점에 대해 많은 생각을 했지만 이렇다 할 답은 내리지 못했었다.

핵가족시대에 타국에 머무는 사례도 다양하고, 국내에 살더라도 시간적 물적으로 힘들게 사는 현대인이기에 뜻과는 다르게 미처 돌보

지 못할 수도 있으니, 이장을 하는 것은 후손들에게 불효의 길을 만들어주는 것이 아닐까?

땅도 작은 우리나라 실정에 산소가 너무 많음은 모두가 알고 있는 사실이다. 우리 부부도 죽으면 뿌리기로 결정을 해놓은 상태이기에 화장을 해서 뿌려드리기로 결정을 했지만, 화장터 예약일이 다가오면서 식음을 전패하다시피 고개를 숙인 남편이다. 언니와 동생이 친정엄마께 말씀을 드리고 작년에 친정엄마의 위독함으로 사놓은 산소이야기를 꺼냈다. 친정식구들은 흔쾌히 승낙을 했고 사돈께서 가실 곳이 없으신데 서둘러 모시라는 친정엄마의 말씀에, 그곳에 시부모님을 합장하기로 결정을 했지만 나의 마음은 갈팡질팡 하다. 어떻게 하는 것이 현명한 것인지 속 시원한 해답을 찾고 싶을 뿐이다. 좀 더 현실적인 결론을 위해 고민 할 수 있는 시간은 그리 많지 않은 상태였다.

이승에서 동행할 수 없기에, 그동안 밀려들었던 슬픔을 안고 묘를 파헤치는 불효로 다시 염을 한다. 마치 죄인이라도 된 양 매듭으로 등분하여 묶인 시부모님 시신 앞에서, 우여곡절을 속죄라도 하듯 마음이 조여 오는 순간이다. 그날처럼 시작된 달구질로 둥둥 하며 북소리 나를 대신하여 울음보를 터트렸다. 간혹 얼어있는 흙이 곱게 다져지기를 바라는 마음으로 술잔을 채우며 저들의 소리를 부추긴다.

고민을 할 때는 처분에 따른다던 시댁식구들이 모여 '부모님 이곳에 모시니 참으로 좋다'시며 고마워하시니 마음이 흡족하다. 저렇게 좋아 하시는데 화장을 해서 뿌려드렸다면 지금 내 앞에 계시지 못할 부모님, 아찔한 절벽 앞에 선 듯 정신이 든다. 말씀도 못하고 초조함으로 계셨을 부모님의 아린가슴을 생각해본다면 어색한 일이겠으나, 고맙다고 이곳이 마음에 든다고 말씀 하시는 듯 귓전에 낯익은 목소리 들리는 듯, 지난날이 스크린 되며 뵙고 싶은 마음 간절하다.

대소사를 감당하시며 결정을 내리실 때는 부러움도 때론 불만도 있었다. 떠나신 뒤에 물려받은 결정권에는 많은 고뇌가 따른다는 당연한 진리를 새삼 느꼈다. 이렇게 결정을 내리니 마음이 편한 것을, 그 많은 시간을 망설임으로 채웠음에도 난 응석부리는 며느리가 되어 봉분을 어루만진다. 부모님을 쓸어내린다. 이젠 편히 주무시라는 내 마음을 아시는 듯, 쓸어주시는 듯 잔잔한 바람이 등줄기타고 미끄러진다.

반론도 필요 없던 그 시절처럼 어머니는 돌아가시면서도 결정권을 쥐고 계셨었다. 이렇듯 번민하지 말라고, 당신 자녀들에게 나의 입지를 표명하시느라 진작 결론을 내려놓고 가시면서 사랑하는 며느리 생각뿐이셨는지도 모른다. 때론 불만을 내색하며 투정을 부릴 상대가 있다는 것이 얼마나 좋은지 새삼 느꼈다. 세월 흘러 다시 뵈올 때 본의 아니게 물려받은 결정권을 돌려드리고, 갓 시집온 그 시절처럼 그렇게 사시자고 말씀 드리련다.

집착

손님 없는 가게를 지키고 있자니 마음이 착잡하다. 저녁에 집에 들어가 메 짓고 탕국 끓여 소주 곁들인 상, 차려놔야겠다고 그이에게 말을 했다. 몇 해 전, 정성으로 뼈를 추리고 생전에 뵙지 못한 얼굴을 유골을 쓰다듬으며 "장인어른 섭섭합니다. 약주를 그리도 좋아하셨다고 들었습니다. 생전에 계시면 약주 한 잔 올릴 텐데요."라면서 형부와 제부와 정성껏 이장을 해드렸던 장인어른 제사에 그이도 나만큼이나 마음이 아픈 모양이다.

내가 지내드릴 것이니 빨리 집에 가서 제사 준비하라고 한다. 나는 "아니, 그냥 소반에 간단히 차릴 거야."라고 했더니 그이는 "골고루 해서 장을 보라."며 돈을 챙겨준다. 울컥 눈물이 흐르려하는데 조금씩 내리던 비가 갑자기 소나기가 되어 내린다. "장인어르신께서 얼마나 슬프면 저토록 비가 오겠어? 너무 슬퍼서 통곡 하시는 거야."라며 돈을 더 꺼내준다. "모자람 없이 넉넉하게 차리라."면서.

맏며느리이기에 수 십 번도 더 준비한 제사이건만 아이 타이르듯 과일 챙기고, 청주 챙기고……. 잔소리 같은 그이의 말에 미안함과 고마움이 교차한다. 빗속에 우산을 쓰고 마트로 가면서 왜 그렇게 울고 싶은지 우산도 내던지고 비 맞으며 펑펑 울어버리고픈 마음을 달래어본다. 돌아가시던 날 이슬비가 내리더니 해마다 기일이면 비가 온다. 하지만 올해 같은 소나기는 기억에 처음인 것 같다. 정말 너무 슬퍼서 통곡을 하시는 듯. 고인을 두고 젯밥을 드리니 마니 하는 현실을 이해 못하는 내게 문제가 있는 것인지 싶지만 조상님을 모시는 것은 당연한 도리라는 생각이며 '절을 안 하고 찬송과 기도를 드릴 뿐'이지 '제사를 외면하라'는 구절은 기억에 없다. 경건한 마음으로 고인을 기리면서 이어지는 대화로 보다 화목함이 머무는, 그것이 삶이 아닐까.

제사는 이곳저곳으로 옮기는 것이 아닌 것이라 알고 있으며 혼이 내려와 드시는지도 나는 모른다. 하지만 기일이면 정성으로 만든 음식을 밤12시에 올리는 것이 당연시 되어있는 나로서는 이날을 그냥 지나치면 아버지가 1년 동안 굶으실 것 같은 생각이 들어 이렇도록 마음이 착잡한지도 모른다. 소화가 안 되다보니 굶다시피 하시며 거의 1년을 지내시다가 돌아가셨다. 아버지의 빈자리를 메우시느라 친정엄마는 직장을 다니셨고 언니들은 결혼을 했으니 퇴근하신 엄마가 장을 봐오시고 종종거리시는 모습이 안쓰러워 어깨너머로 배우기 시작해서 어느 해 부터는 서툴지만 음식을 만들어 놓고 엄마를 기다렸다. 어린 시절에 정말로 아버지가 오셔서 음식을 드신다고 알았었기에 아버지와의 상봉을 생각하며 제사에 집착을 하게 된 것일까? 천주교 신자인 언니는 성당에서 연미사를 드린다고 하니 조금은 나아지는 마음이지만…….

교회를 다니면서 성장한 나는 유교사상이 짙은 것도 아니며 헐뜯

고 싶은 마음으로 적어 내려가는 것 또한 아니다. 화목함이 머무는 따듯한 가정이 나아가서는 훈훈한 이웃이 되는 그런 것이 아닐까? 교회를 이유로 애경사를 외면하는 사람들을 볼 수 있는데 그들의 언행은 곧 그들의 신을 욕되게 하는 것은 아닌지……. 전도는 멀리 있는 것이 아니라 신앙인의 행실이 타인에게 믿음을 줄 수 있을 때 더불어 오는 것이며 그들이 원하는 참된 종으로 한걸음 나아가는 것이라고 생각한다면 모순일까?

빗속의 찬송가

늦은 저녁부터 폭우가 온다는 일기예보인데 낮부터 비는 내리고 있다. 굵은 장대비는 아니지만 온종일 쉼이 없는 빗줄기로 습하고 후덥지근한 7월의 중순이다. 밤에는 폭우가 오려나? 만나면 늘 반갑고 고맙고 화기애애한 분위기 속에 아쉬운 작별을 하는 시댁의 가족들이 모처럼 만나기로 한 내일이었다. 많은 비가 온다기에 다음 주로 연기했는데 토요일에 만나 일요일로 이어지는 시간들, 6남매의 온 가족들이 모이기로 한 날이라 해도 난 아이를 도서관에 보낼 생각이나 그의 생각은 아니다.

핵가족 시대에 후손들과의 만남도 중요하다는 생각이다. 이런저런 이유로 어른들만 만나다 보면 그들의 관계는 서먹해질 테고 남 아닌 남이 될 것 같다는……. 물론 그 말도 틀린 말은 아니지만 얼마 남지 않은 수능은 아이의 인생이 걸린 촉박한 시간이라는 이유로 나의 마음이 조급하다. 맏이다 보니 사적인 일은 뒷전이고 가족사가 중심인 것은 기정사실이나 이런저런 이유를 용납하지 않고 오직 결과만을 중시하는, 치열한 아귀다툼의 현실은 인성보다는 일등을 알아주는 세상인데 이런 세상을 만든 것은 누구인가? 우리 기성세대들의 책임을 공감하면서도 새로운 스케줄이 생기는 것이 유쾌하지만은 않다.

큰 아이 실습 차 멀리 나가있는데 겨우 보름이 지났지만 전화 통화를 하다보면 마음이 애틋해진다. 인생이란 걸 몸소 느끼고 배워가는 아이, 우리 아이들에게 인생이란 달콤한 세상이라고 말해 줄 수 있는 세상이면 얼마나 좋을까?

매스컴의 뉴스시간이면 "어머? 웬일이야……." "어머나? 저를 어째……." 올해는 성폭행을 비롯해 흉악범들의 기사가 끊이지 않고 있다. 시간 내내 한숨 섞인 사건들을 차라리 안보면 좋으련만 외면할 수 없는 현실인 것을……. 아직은 세상을 아름답게만 생각하는 아이에게 탁한 세상을 조금씩 흘리면서도 조심스럽다.

빗줄기 창문을 톡톡 두드린다. 같이 놀자는 듯 재밌게 들려온다. 창문을 열고 방충망에 분무기로 물을 쏜다. 손아귀가 아프도록 물을 쏘다가 문득 아이들이 어릴 때 물총놀이를 하던 생각이 떠오르고 있다. 욕조 안에서 아이들이 손가락으로 내게 물방울을 튕기는데 같이 놀아달라는 신호 같기도 하여 옆에 있던 분무기로 아이들 얼굴에 등에 한 번 씩 물을 뿌렸다. 간지럽다며 재미있어 하는 아이들이 엄마 우린 물총으로 할 거야 하더니, 그 생각만 나면 목욕한다고 욕조에 물 받아 달라던 아이들, 어느 새 고등학교 3학년이고 대학생이 되었다.

찬송가소리 은은히 들려온다. 금요예배를 보는가 보다. 나도 한때는 주일이나 평일이나 예수님 생각을 했던 적이 있었다. 때론 이렇게 회개하고 마음이 편안할 때 종말이 왔으면 싶을 때도 있었다. 세상의 때 묻지 않으려 노력하며 늘 주님의 뜻에 순종하리라 생각하던 시절,

하지만 그것은 과거 속의 나이다. 찬송을 들으며 회개는 아닐지라도 아름다운 마음으로 착하게 살리라는 생각을 해본다. 때론 주민들이 시끄럽다고 하지만 저 산돌교회에서 가끔씩 들려오는 찬송가 소리가 참 좋다.

찬송가를 따라 부르며 그분들이 기도하는 시간이면 세상을 향한 기도를, 아이들을 위한 기도를 드린다. 통성기도를 하는 성도들의 울음을 통해 정화 된 듯 맑은 세상이 느껴지는 것 같다. 기도의 응답이라도 받은 듯 편안해지는 마음, 빛의 밑거름이 되고자 빛속에 모인 성도들의 한결 같은 마음처럼 아귀다툼이 없고 온유함만이 가득한 그런 세상을 그려본다.

부칠 수 없는 편지

형부의 환갑이라 축가와 더불어 시작된 밴드마스터들의 흥겨운 음악이 못내 서러운 언니는 우리가 도착하자 어린애처럼 소리 내어 울어버렸지. 어느새 반백이 되어버린 투병으로 청춘을 보내고 앙상해진 몸, 주무르다보니 내 손바닥 토실토실 오른 살이 민망해.

우린 손가락 사이즈가 같았었는데 나의 약지에 끼워진 반지를 빼서 가운데 손가락에 끼워주며 꽃같이 예쁜 내 얼굴 이 반지를 보며 생각하라고, 너스레를 떨었지만 사실 난 울고 있었어. 장미꽃 모양의 화이트반지가 잘 어울리는 언니의 손은 내게 특별한 손이었지.

처음 간호사 생활을 접하면서 떨리는 마음보다 더욱 긴장된 손을 잡아주던 손, 베개를 놓고 근육주사 놓는 연습을 시키고, 엄마의 혈관을 살짝 찌르면서 너무 깊이 들어가지 말고 바늘 끝 방향을 보라며 내 손을 잡고 실습을 시키던, 병색이 깊을수록 더욱 꼭꼭 숨어버린 혈관을 찾아내는, 당신을 기다리는 환자들을 돌본 뒤 그들이 안도의 숨을 쉴 때에 디볼이 기뻐하며 밤을 시새우던 수많은 날들, 많은 이들의 감사인사에도 빙그레 웃음 지을 뿐이던 천사여!

가끔 두통을 호소하더니 천대받은 몸이 화가 날 때도 진통제로 시

간을 채워가며 휴식의 필요성보다는 히포크라테스의 선서를 앞세우더니, 화분이며 장식장 등은 걸림돌이 되어 전동침대와 휠체어에 밀려나고 부자유스런 언행에 주변사람들 떠나니 외로워 몸부림치면서도, 펴놓아도 구부러지는 손가락으로, 다양한 모양들을 색종이로 접어 스케치북에 붙이고 색칠공부며 글씨연습을 한다는 전화를 받았어.

마음 같아선 당장이라도 달려가 칭찬해주고 위로해주고 싶은데, 넓지도 않은 이 땅에서 언니네 집까지는 왜 이리 먼 걸까? 언니가 좋아하는 음식을 보면 옛 생각에 눈물을 흘리면서도 잠시 생활을 접어야하니 마음처럼 현실은 쉽지가 않은데, 세상물정을 잊은 채 살아가는 언니는 야속하고 서운하겠지. 현실은 마음처럼 쉽지가 않다는 핑계를 대는 동생이라서 언니 미안해.

꿈

콧속으로 호스가 들어가고
뾰족한 주사바늘 혈관을 뚫을 때

나의 심장은 소금물 속 배추 같았어
긴 잠을 털고 입원실로 올라가던 날
고비 넘긴 기쁨도 잠시
반신마비에 막혀버린 언어 앞에서 의지로 버티며
하고픈 말
우리의 가슴에 빼곡히 쌓여만 가는데
어젯밤에 꿈을 꾸었어.

고향동네 동산에서 토끼풀로 반지도 목걸이도 만들고 많은 대화를 나누던 즐거운 시간이 어찌나 생생하던지 현실인줄 알았는데 꿈이었다니, 엉엉 울어버렸어. 옛날의 행복한 시절이 그립고 언니의 인생이 서러워서 엉엉 울었어. 많은 이들이 기억하며 그리워하던 날은 지나도 숨어있는 혈관을 찾아내던 손을 잊을 수 없어. 보고 싶어 전화를 하면 알아들을 수 없는 발음을 몇 번씩 되풀이하다가 끝내 통곡을 하는 언니, 후벼 파듯 아파오는 가슴은 목이 메고 그렁하니 눈물이 고이는데 투정도 할 수 없는 언니 앞에서, 그것은 엄살 같은 것이겠지.

얼룩진 시간들 위로 영롱한 무지개 떠오르는 보다나은 내일을 기다리는 조바심 잠시 잊고 옛날로 돌아가고 싶다. 백의의 천사가 되어 행복해하던 생생한 추억이 웃고 있는 그곳으로 갈 수 있다면 진통제에 의존하는 언니를 이제는 말릴 수 있을 텐데. 후회를 할 때는 이미 늦었다고 하지만 오랜 세월에도 희망을 포기하지 않고 홀로서기의 고통을 인내하는 언니 고맙고 도움이 되지못해서 미안해.

빛바랜 추억을 더듬으며 미완성의 조각들을 찾으려 오늘도 고통을 인내하는 언니, 한 조각 두 조각 맞춰가며 퍼즐을 완성하듯이, 현실에 굴복하지 않고 희망을 접어가는 그 손은 전에도 지금도 고마운, 펴놓아도 구부러지는 손이지만 세상에서 제일 예쁜 손이야.

보다 나은 내일이 오리라는 신념으로, 아픈 오늘을 보내고 내일은 웃는 언니이기를 고대하던 10여 년이 넘는 세월, 미어지는 가슴을 말 할 수 없어서 지면에 적어보는, 부칠 수 없는 편지를 쓰며 난 오늘도 언니를 응원해.

사랑하는 우리 언니 힘내.

언니가 사랑하는 셋째동생이

입가에 흐른 침도 힘겹게 닦으며 걸음마 연습을 하는, 명예도 보람도 묻혀버린 멈춰진 시간이 되고나서야 힘든 시간을 보낸 뒤 휴식은 꼭 필요한 것이었다고 강조하는 언니는 갑자기 쓰러졌고, 동네의원도 종합병원도 자신을 못하니 서울에 있는 유명병원을 찾아 형부는 식은땀을 흘리며 운전을 했다고 한다. 자가용으로 환자를 이송하는 것보다는 구급차를 이용하면서 시간을 단축하고 응급조치를 하면서 연계되는 병원과의 협조를 구했어야 하는데 당황이 되니 빨리 서울로 가야한다는 생각뿐이었다고 한다.

추운 겨울이었다. 연락을 받고 병원을 도착하기까지 한 시간이 넘었을 것 같은데 아연실색 할 광경이 눈앞에 있었다. 밀린 환자가 많다지만 무의식상태의 환자를 몇 시간째 세면바닥에 방치함을 따지고 드니 입원실도 응급실도 빈 곳이 없다고 한다. 이런저런 이유로 놓쳐버린 골든타임이었다. 요즘은 가끔 골든타임의 중요성을 다루는 프로를 접하게 된다. 구급차의 사이렌이 울릴 때 길을 터주는 많은 운전자들을 볼 때면 당연함에도 감사한 마음이다. 그분들은 누군가의 위태로움에 큰 힘을 보태는 분들이다. 위급한 상황이면 제일먼저 떠 올릴 수 있고, 떠 올려야하는 구급차 이용으로 골든타임을 놓치므로 가슴 아픈 이들이 나오지 않기를 바란다. 강조 또 강조되어 경황이 없는 순간에도 떠올릴 수 있는 누구나의 상식으로 자리매김 되기를 바라는 마음이다.

어느 날의 일기

"감사합니다! 신부님." 미사가 끝나고 언니가 신부님께 말씀드린다. "신부님의 말씀 중에 하느님께서 깊으신 마음으로 형제자매들을 불러 오늘 이 자리에 모이게 하셨다는 말씀에, 눈물이 왈칵 쏟아지며 제 영혼이 춤을 추고 있었다면서 너무 좋아서 아직도 눈물이 흐르네요."라고.

어머니 영전에 국화와 향을 올리며 예를 갖추시던 신부님과 성당 교우님들의 고마운 마음이 있었기에 연미사가 끝난 지 한 달이 되어 가지만 영세를 받은 언니와 다르게, 믿음이 무엇인지도 모르는 나는 오늘 세 번째의 미사에 참석했다. 처음으로 들어가 본 성당은 내겐 모든 것이 신기하기만 했다. 두리번거림도 눈치껏 하다 보니 '기도합시다'하고 신부님께서 말씀 하신 뒤 둘러보면 두 손을 모으고 다소곳이 고개들을 숙이는데, 호기심이 많은 나는 아직 볼거리가 많이 남아있기에 눈을 감지 않는다. 아니, 그 시간을 기다렸다는 듯이 십자가의 형상이며 촛불이며 하물며 신부님께서 기도하실 때의 양팔 벌린 모습과 손가락모양도 봐야했다.

신부님은 가끔 이해하지 못하는 행위를 하신다. 습관일까? 아니면 간지러워서일까를 생각하면서 아! 신부님도 이상한 버릇이 있다는 생각을 하며 흉내를 내었었는데 뒤에 알고 보니 성호를 긋는 것이었다. 벽에 걸어놓은 고난의 십자가를 바라보며 고통스럽던 시간들을 떠올림보다는 작품으로 보고 있었다. 그런데 제단의 중앙에 걸려있는 십자가의 예수님은 아파 보여서 그냥 외면하고 싶어진다. 제단 양쪽에 성모님과 예수님의 모습을 감상하듯 바라보다가 앞쪽에 있는 꽃으로 눈길이 갔다. 꽃의 의미보다는 꽃꽂이를 한 손길이 궁금해졌다. 어쩜 저렇게 예쁘고 멋지고 은은한듯하면서 화려함을 느끼게 할 수 있는지.

마이크를 타고 흐르는 신부님의 목소리가 성우를 해도 될 듯싶을 정도로 좋다는 생각에 빠지기도 하다가 '아멘'하면 입속에서 우물거리며 따라하는 자신이다. 상주로 속해있는 순간이지만 애써 슬픔을 감추려 딴전을 피우는 자신을 느끼며 이곳에 앉아있는 이유를 자문해 본다. '왜? 이곳에 있느냐?'고. 영세를 받은 곳도, 다니던 성당이 이곳도 아닌 엄마가 돌아가셨을 때, 이곳의 신부님과 교우님들이 선뜻 장례절차를 주관해주시겠다는 고마움에도 의아함으로 갸우뚱거렸다.

나는 장례를 주관하시는 연령회장님께 "연고도 없는 사람을 위하여 그리도 애쓰심이 이해가 되지 않는다."면서 '혹 이유라도 있으신지요?'라 여쭈었더니, 그분 말씀은 "내가 하는 행동은 저 위에 계신 분의 뜻이고, 내가 누군가를 위해 기도하고 도움을 주면 누군가도 나를 위해 기도해주며 같은 마음이 아니겠느냐"고 대답을 하신다. 세월의 흔적이 남아있는 얼굴에서도 말씀에서도 무언가를 바라고하는 것이 아니라 묵묵히 타인을 도와주는 그 마음도 고마웠지만, 모든 절차에 진심을 다해 임해주시는 모습에 더욱 감격을 했다.

나는 교회를 다니는 것도 아니었기에, 그저 인간적으로 너무 고마워서 내 시간을 할애하며 미사에 참석함으로 조금이라도 보답하고픈 마음으로, 신도는 아니지만 영세를 받은 엄마의 영혼을 위해 기도하는 날이기도 하니 의도와는 상관없이 참여한 것이다. 미사가 끝나고 신부님과 잠시 담소를 나눈 뒤는 다소 편해지는 마음인데, 아마도 이런 맘이 아니라면 아버지께서 세상을 떠나셨던 때처럼, 오랫동안을 엄마를 보내드려야 함이 무척이나 힘들었으리라는 생각이다.

몇 차례 가다보니 형식적이 아닌 진심이 담긴 그분들의 믿음을 느끼게 되면서 묘한 감정이 일렁이고 있다. 자리를 채움으로 그치는 자신이 부끄러워지면서 좀 더 다가가고 싶은 마음으로, 엄마의 이승에서의 마지막을 주관하시던 고마움에 다시 감읍하는 자신을 돌아본다. '슬플 때는 애써 눈물을 참으려하지 말라.'면서, '부모는 또 다른 모습으로 찾아오시니 영원한 이별이 아닌 새로운 만남을 기억하라'는 신부님말씀이 아직은 이해되지 않지만 새로운 만남을 기다리며 슬픔을 삭여간다.

어릴 적 수재민구호품을 받은 적이 있었다. 얼굴도 모르지만 몸과 마음을 감싸주던 희망이 수십 년 흐른 지금의 기억에도 따스함으로 남아있다. 베풂이란, 조건 없는 베풂이란 이런 것이었구나. 타인을 위한 그분들의 참된 모습과 이득을 취하기 위해 살아가는 나의 생활들이 대조된다.

오늘 이러한 일기를 써 내려감은, 그분들의 정성과 진심으로 보다 엄마를 편히 보내드릴 수 있었음에 많은 위안이 되어 감사 또 감사드리고픈 마음에서이며, 이로 인해 베풂으로 평생을 살아오신 엄마를 다시 한 번 그려보며 삶의 방식을 재정비하게 된 계기가 되었기 때문이다. 기도하는 방법도 아직 익숙하지 않은 비신도, 성모님 전에 합장하고 조심스레 입술을 떼어 본다.

"성모님, 제 인생의 첫 번째 신부님을 위해서 덕계동 성당 교우님들을 위해서 하느님께 빌어주소서."

이 도서의 국립중앙도서관 출판예정도서목록(CIP)은 서지정보유통지원시스템 홈페이지(http://seoji.nl.go.kr)와 국가자료공동목록시스템(http://www.nl.go.kr/kolisnet)에서 이용하실 수 있습니다.

(CIP제어번호 : CIP2017021845)

임경애 수필집

엄마와 양말

초판인쇄일 2017년 9월 4일
초판발행일 2017년 9월 7일

지은이 : 임경애
발행인 : 김순진
편집장 : 전하라
디자인 : 김초롱
펴낸곳 : 문학공원
등 록 : 2004년 3월 9일 제6…706호
주 소 : 우편번호 03382 서울 은평구 통일로 633
녹번오피스텔 501호 스토리문학사
전 화 : 02-2234-1666
팩 스 : 02-2236-1666
홈페이지 : http://cafe.daum.net/yob51
이메일 : 4615562@hanmail.net

※ 책값은 뒤표지에 있습니다.